学習社会への展望

地域社会における学習支援の再構築

日本学習社会学会
創立10周年記念出版編集委員会
［編］

明石書店

序　言

　日本学習社会学会は2004（平成16）年4月3日に創立されたが、10周年を迎えるにあたり、2013（平成25）年に記念出版が計画され、ここに刊行をみることになった。

　本学会は、その設立趣意書に示されているように、「学習社会」の実現という課題に研究と実践の両面にわたる多様な側面からアプローチすることを本旨としている。この目的の下に、過去10年にわたって積み上げられてきた会員の研究成果は、研究の対象だけでなく、方法や視点をも含めて膨大かつ多層的である。そのすべてを一冊の書物に反映させることは、もとより不可能であるが、できる限り最新の成果を反映した本学会にふさわしい多角的・学術的な構成となるように企画し、学習社会への展望が開かれることを目指して特集テーマの選定にあたった。

　その結果、多くの諸課題が山積する中で、学習社会実現の重要な条件（目的達成への道）の1つは、現在、喫緊の課題となっている地域社会における学習支援の再構築であるとする認識の一致をみて、この課題に照明をあてることになった。本書の書名が、「学習社会への展望―地域社会における学習支援の再構築―」とされた所以である。このテーマの下に、本書は以下に示す2部構成と投稿論文および学会の歩みなどから構成されている。

　第1部は、まずその1で、学習社会への展望に関わり、それぞれ異なる学問的背景と豊かな経験を有する3人の歴代会長が、学習社会実現への課題を見据えつつ論じている。

　川野辺（第1章）は、戦争を体験し、戦後を生きた世代の研究者として、生涯学習を自分史に置き換え、歴史や社会の状況と研究の歩みとを交錯させつつ、共生の在り様という視座から学習社会の展望について論じている。

　小島（第2章）は、日本学習社会学会の設立趣意書の起草者の一人としての立場から、改めて学習社会への展望について考察している。そこでは、学習が関係的自律の形成と社会変革を促す力と再定義され、学習社会構築の具体像が学校知の組み替えの視点から提起されている。

　前田（第3章）は、長年取り組んできたオーストラリアの先住民族アボ

リジニ研究の蓄積を背景に、学習社会研究の視座（方法）について、先住民族の主体形成を脱植民地化の視点から再構築することを試みている。具体的には、オーストラリアの大学における先住民族主体の専門職養成における双方向型の教育を参与観察と半構造化面接法によって検証し、日本の先住民族アイヌを主体とする教育支援プログラム構築の課題について浮き彫りにしている。

　第1部のその2では、学習社会研究をその原点に立ち返り、基本的枠組みへの振り返りと研究発展の必要性に関する議論が展開されている。

　まず最初に、日本おける学習社会研究の先駆者である新井（第4章）が、ハッチンズやフォール報告などの初期学習社会論を省みつつ、「生き方と学習の関係」について考察している。新井は、学力観の転換などに象徴される現在の教育の動向を「人間としての生き方の転換」が迫られているものと読み替え、学習社会論の思想的基層をなすフロムの"To Have or To Be"の解釈の深化を通して、学習社会実現のプロセスを示唆している。

　岩﨑（第5章）は、人間形成における言語と教育との本源的関係に着目しつつ、これまでの学習社会論で見落とされてきた言語的人権の視点から、学習社会研究を見直す必要性について論じている。岩﨑は、支配言語の強制と母語喪失という現実の狭間で抑圧されているマイノリティ（少数民族、移民や移住労働者とその子ども、先住民族など）にとって、学習社会の目標である人間としての学びを取り戻すための母語獲得の取り組みが如何に重要であるかを、ロシア・クラスノヤルスク地方の先住少数民族エヴェンク人の事例をとって明らかにしている。

　佐藤（晴雄、第6章）は、コミュニティ・スクールの設置根拠となる学校運営協議会設置規則の分析を通して、学校運営協議会の権限と委員構成等に焦点をあて、スクール・ガバナンス度という独自の比較指標（マター・スコアとアクター・スコア）に基づき、その全国的傾向と地域特性を明らかにしている。ここで創出された比較指標による分析手法は、コミュニティ・スクールだけでなく、その他の事象分析にも援用され得るという意味で、今後の学習社会研究にとっても参考になろう。

　第2部では、本学会がその設立趣意書で掲げた下記の活動課題を念頭におきながら、地域社会における学習支援の問題に特化した論考が配置され

ている。即ち、①人間と学習、②ミクロ・マクロな地域問題の解決、③地域の健康教育、④子育て支援および特別支援教育、⑤芸術・スポーツ・文化活動、⑥住民活動と学校運営への参画、⑦学習支援専門家の育成、⑧学習社会構築に関わる政策と行政、である。

　これらの活動課題のうち、関（第7章）は、地域社会の最重要課題として環境破壊の問題を取り上げ、自然環境の破壊計画に立ち向かい、環境破壊を最小限に食い止めた市民の活動と学習を扱っている。ディベロッパーの参入による「開発」という名の環境破壊が、身近な生活地域に行政主導の公共事業という形で進行するプロセスを追いながら、開発されようとする「道路の公共性」と破壊されようとする「市民利用の公共性」（環境保全）の対立を学校教育とは異なる「市民の学習」（提案型市民運動）によって乗り越える格闘（学び）の在り様が、その方法論的反省をふまえつつ明らかにされる。

　篠原（第8章）は、これまでの「制度主義的アプローチ」による学校と地域との連携・協働が、ともすればパターン化された連携・協働システムの「強制」に陥りがちな現状を批判し、形骸化している現状を変革するものとして「実践主義的アプローチ」を提起する。篠原は、当該アプローチによる実践事例を、自らも関わった学校と地域との連携による「郷土教育」「環境教育」および「シティズンシップ教育」の具体的な授業づくり中で検証しつつ、学校サイドが教育実践の改善を自己変革として意識し、カリキュラムの組織的開発をスタートさせ、そうした教育実践のプロセスにおいて創出されていく地域との相互主体的な連携・協働の在り方を模索している。

　堀井（第9）は、学習社会構築の意義を地域住民の学習権保障に求め、教育行政施策の現状分析をふまえて、「学習社会構築に関わる政策と行政」の課題について、インフラとしての学校施設の「開放」と「複合化」の視点から考察している。学校開放が地域住民の身近な生涯学習環境として機能するには、学校と地域社会の双方がともに学校開放の意義を再確認することが重要であり、また、学校施設の複合化が生涯学習を促す環境として機能するには、単なる「合築」や「経済的合理性」を乗り越えた複合化が求められているとしている。

佐藤（千津、第10章）は、現代における学習観の変容に応える教師の専門性の意味とその内実について、主要には2015年の答申「これからの学校教育を担う教員の資質能力の向上について―学び合い、高め合う教員育成コミュニティの構築に向けて―」（中教審第184号）における「教員育成指標」と「チームとしての学校の在り方と今後の改善方策について」（中教審第185号）における「チーム学校構想」が求める教師の資質や能力の分析をふまえつつ、イングランドとスコットランドの特徴的な「専門性基準」を手がかりとして、「教員育成指標」を有意義なものとするための教師の専門職化の要件に関する考察を行っている。とりわけスコットランドの「教師の専門性基準」が教職の専門職団体によって策定され、教師の質の維持・管理が教師を中心とする教育関係者によって自立的に行われていること、また、教育コミュニティを形成する関係者の協働性を基盤とする仕組みが構築されていることに注目している。日本の教師の専門性基準の策定に大いに参考となるものである。

　投稿論文については7本のエントリーがあり、厳正なる審査の結果、2本の論文が採択されている。採択されなかった論文にも「地域社会における学習支援の再構築」に関する優れた論考が含まれているが、研究視点や方法の不十分性および論究の深さなどの理由により、今回は不採択となっている。合否を判定するための詳細な審査根拠が示されているので、是非とも他日を期していただきたい。

　なお、巻末に、本学会の創設時よりその発展のために尽力してこられた佐藤会員（現副会長）による「日本学習社会学会10年の歩み」が掲載されている。学習社会研究および本学会をいっそう発展させる資料として活用されることを願っている。

　最後に、今日の厳しい出版事情のなかで、本書の出版を快く引き受け、企画の段階からアドバイス等を頂いただけでなく、遅々として進まぬ編集作業を忍耐強く見守っていただいた明石書店の大江道雅社長に心より御礼申し上げたい。

　創立10周年記念出版編集委員会を代表して

岩﨑　正吾（早稲田大学）

目　次

序　言（岩﨑正吾） ………………………………………………………… 3

第1部　学習社会への展望と研究の諸相

●1．学習社会への展望と課題●

第1章　学会設立の背景と期待 …………………………………………… 14
　　　　──自分史を振り返りながら（川野辺敏）
　　　1　私の戦争体験とその後の遍歴　15
　　　2　教育調査・研究への仲間入り　16
　　　3　生涯学習・共生・学習社会のはざまで　17
　　　4　学会設立への着手と今後の期待　19

第2章　学校教育の観点から（小島弘道） ……………………………… 22
　　　1　人間、社会における「学習社会」の視野　22
　　　2　「学習社会」研究と学校教育　25
　　　3　学習社会学会の課題──「知識基盤社会」から「学習基盤社会」に向けて　31

第3章　マイノリティ教育と学習社会研究の再構築 ………………… 34
　　　　──教育・研究方法の脱植民地化と先住民族の主体形成（前田耕司）
　　　1　序　34
　　　2　日本における先住民族アイヌ主体の支援プログラム構築の可能性と課題　36
　　　3　モナシュ大学におけるアボリジニを主体とする教授陣による教員養成の再組織化　38
　　　4　結　46

●2．学習社会研究の諸相●

第4章　「生き方」と学習の関係 ………………………………………… 49
　　　　──学習社会論の観点から（新井郁男）
　　　1　フォール報告への注目　49
　　　2　フロムの捉える To Be　50

第5章　学習社会における言語と教育 ………………………………… 55

──学社連携による先住少数民族の言語・文化復興の取り組みと課題（岩﨑正吾）
　1　はじめに　*55*
　2　クラスノヤルスク地方におけるエヴェンク人の母語認知・使用状況　*57*
　3　エヴェンク地区における学校教育の課題　*58*
　4　トゥラー寄宿制初等中等普通教育学校における母語・母文化教育　*60*
　5　エヴェンク地区の補充教育機関における母語・母文化教育　*61*
　6　おわりに　*63*

第6章　コミュニティ・スクールの多様化の実態分析　………… 66
　　　──学校運営協議会設置規則の分析を通して（佐藤晴雄）
　1　学校運営協議会の設置目的　*67*
　2　学校運営協議会権限等の位置付け　*68*
　3　「スクール・ガバナンス」度による学校運営協議会規則の分析　*71*
　4　要　約　*82*

第2部　地域社会における学習支援の再構築

第7章　地域問題・課題の解決と学習社会　……………………… 88
　　　──環境学習の観点から（関　啓子）
　1　環境教育──子どもとおとなが生物多様性を学ぶ　*89*
　2　森の危機──環境破壊計画と強制収用　*91*
　3　「提案型」市民運動　*92*
　4　市民力の醸成過程としての学び　*94*
　5　運動が提起したことと残された課題　*97*

第8章　実践主義的アプローチによる学校と地域の連携・協働 …… 102
　　　　　　　　　　　　　　　　　　　　　　（篠原清昭）
　1　実践主義的アプローチによる学校と地域の連携・協働の価値　*103*
　2　実践主義的アプローチによる学校と地域の連携・協働の課題と方法　*106*

第9章　学習社会構築に関わる施策と行政の現状と課題 ………… 111
　　　──インフラとしての学校施設整備の視点から（堀井啓幸）
　　はじめに　*111*

1　学習社会構築に関する生涯学習施策の地平　*112*
　　2　学校開放・学校施設複合化にみる生涯学習の基盤整備の現状と課題　*114*
　　3　「せめぎあい」を前向きに活かすためのネットワーク型行政　*119*

第10章　学習社会における教師の専門性（佐藤千津）…………… *124*
　　はじめに　*124*
　　1　教師の「質」を規定するとは──問題の所在　*125*
　　2　教師の「専門性基準」とは　*126*
　　3　教師の専門性と「チームとしての学校」構想の意味　*128*
　　4　教師の「専門職化」と「専門性基準」　*129*
　　おわりに　*134*

〈投稿論文〉
第11章　昭和初期の校外教育実践における教育者と子どもの関係について… *139*
　　　　──松美佐雄の「動的」概念を手がかりに（松山鮎子）
　　はじめに　*139*
　　1　松美佐雄の問題意識と活動の目的　*140*
　　2　学校教育の補完的役割としての教師の童話学習　*142*
　　3　お話の場における子どもと教育者の関係　*144*
　　おわりに　*148*

第12章　戦後教育改革期における「地域大学」構想の一事例… *151*
　　　　──中野藤吾と立川学園の活動をめぐって（木田竜太郎）
　　はじめに　*151*
　　1　中野藤吾の経歴と占領下の立川　*152*
　　2　財団法人立川学園・立川専門学校の設立　*154*
　　3　中野藤吾の「地域大学」構想と立川短期大学　*156*
　　むすびにかえて　*158*

〈付録〉　○日本学習社会学会10年の歩み（佐藤晴雄）　*161*
　　　　○日本学習社会学会創立10周年記念出版投稿規程　*172*
　　　　索　引　*174*　　執筆者紹介　*177*

Japanese Association for the Study of Learning Society
10th Anniversary Commemorative Publication

Towards the Future of the Learning Society:
Rebuilding of Learning Support Systems in Local Communities

CONTENTS

Introduction   IWASAKI Shogo

Part I: The Future of the Learning Society and Aspects of Related Studies

1. Future Prospects and Challenges for the Learning Society

  Chapter 1 The Background Behind of the Establishment of the Association and Expectations for Its Development: Looking Back on One's Life-History

            KAWANOBE Satoshi

  Chapter 2 From the Point of View of School Education

            OJIMA Hiromichi

  Chapter 3 Minority Education and the Reconstruction of Learning Social Research: The Decolonization of Pedagogy and Formation of Indigenous Subjects

            MAEDA Koji

2. Aspects of Studies concerning the Learning Society

  Chapter 4 The Relationship between the Way of Being and Learning: From the Viewpoint of the Theory of the Learning Society

            ARAI Ikuo

  Chapter 5 Language and Education in the Learning Society: Initiatives and Challenges for the Renaissance of Language and Culture of Indigenous Minority Peoples in the Cooperation of School and Society

            IWASAKI Shogo

  Chapter 6 An Analysis of the Diversification and Reality of Community Schools: Through an Analysis of the Regulations of School Council

            SATO Haruo

Part II: Rebuilding a Learning Support System in Local Communities

Chapter 7 Learning and Action in Relation to Environment Challenges

SEKI Keiko

Chapter 8 Pragmatism Approach to Cooperation in School and School District

SHINOHARA Kiyoaki

Chapter 9 Present Situation and Main Tasks of Educational Policy and Administration for Constructing the Learning Society: From the Point of View of School Facilities as Infrastructure for Lifelong Learning

HORII Hiroyuki

Chapter 10 Teacher Expertise in the Learning Society

SATO Chizu

<Submitted Articles>

Chapter 11 The Relationship between Teacher and Child in Out-of-School Education in Early Showa Period: From the Point of View of Sukeo Matsumi's Dynamic Concept

MATSUYAMA Ayuko

Chapter 12 A Case Study of "Japanese Community College" in the Postwar Education Reform Period: On the Activities of Togo Nakano and Tachikawa Gakuen

KIDA Ryotaro

Appendix:

o Ten-Year History of the Japanese Association for the Study of Learning Society

SATO Haruo

o Regulation about Submitted Articles in the Japanese Association for the Study of Learning Society 10th Anniversary Commemorative Publication

第1部

学習社会への展望と研究の諸相

1．学習社会への展望と課題

第1章 学会設立の背景と期待
自分史を振り返りながら

川野辺　敏（星槎大学）

　今年は敗戦後70周年という、節目の年になっている。考えてみれば、終戦前後の状況を体験している者が、70歳を超えているという状況であり、「戦争」は学校時代の机上の知識やその後の自己学習により、「自ら想像する」以外にない時代に入ってきてしまった。

　政治も経済も「戦争」を体験したことのない人々の手に握られ、「平和・自由・民主主義」の旗は振られていても、自国の「安全・利益」に終始し、第二次世界大戦後の「平和・共生」の息吹はどこへ行ってしまったのだろう。時代の流れとはいえ何とも残念なことである。そこで、残り少なくなった戦争体験者として、体験から生み出された生き方や考え方が、その後の教育研究者としての歩みにどのような影響を与えてきたのかを、本学会の設立に結びつけつつ自分史的に顧みることにした。戦争体験のない研究者と「立ち位置」の違いはどのような影響があるのか、あるとすれば、どこなのか、その違いをどう克服したらよいのか？　それは無謀な問いかけであるに間違いないが、体験のない研究者にも参考になる点があるのではないか。そんな期待も含めて、設立10周年を機に、私にとって、なぜ「学習社会学会」なのかを振り返りつつ、筆を執ることにした。「過去に目を閉じる者は現在に対しても盲目となる」（ワイツゼッカー）の言葉に励まされながら。

1　私の戦争体験とその後の遍歴

　私は、ソ連教育研究・比較教育学研究を手始めに、生涯学習・共生・学習社会学へと重複を重ねながら研究を進めてきたことになるが、その根底には戦前・戦後の体験が影響しているものと思っている。ユングの「個人的無意識」あるいは唯識論のなかの「マナ識」という思想があるが、私の心のどこかに潜在した何かがある気がしている。終戦は旧制中学3年の夏であり、中学時代は1年では教練と農繁期の農家支援、2年の2学期からは勤労動員（三井精機桶川工場）で研磨工として働いた。終戦の8月15日は故郷の熊谷は空襲で、町の中心部は全焼し、わが家の隣まで火の海であり、バケツでの消火作業で朝を迎えたのである。終戦の詔勅など耳にすることはできず、人づてでの敗戦であった。もちろん小学校時代は戦時色一色であり、教育勅語・修身・国語教科書「ススメススメ兵隊ススメ」であり、男女別教室、音楽は軍歌で声を張り上げた。

　戦後は解放と自由の気運が高まり、ひもじさと食糧の買い出しで日を送ったが、眠ることができ、焼失を免れた母校で青空を目がけてゴムマリを投げ上げる喜びに浸ることができた。アメリカの進駐軍が土日に焼け跡の掘っ立て小屋に女性を相手に遊びに来て、食べることに汲々としていた子どもたちはガムやチョコに追いすがる日々のなかに、天皇の学校訪問などという奇妙な時を過ごした。学制は急転回し、私は、中学5年を終え（旧制中学卒業）、新制高校3年に転入し、新制高校第1回の卒業生ということになる。その間（昭和21～23年度）は、野球少年を地で行く学生生活に明け暮れていた。

　「食・職不足」で生きることに汲々している混沌のなかで、私は東京外国語大学（ロシア語学科）に入学した。昭和24～28年の頃である。当時の学生はアルバイトが不可欠の状況であったが、私は幸い新制中学の非常勤の英語講師として、働く場を得ることができた（新制中学では英語が必修科目となったが、敵国語であった英語教師は極端に不足しており、何の資格もなかった学生の私は、外語の学生というだけで招聘されたのである）。これを機会に、大学の同僚とソ連教育研究グループを設け、マカレンコやソビ

エト教育学書等を参考にし、教育の実践を試みたりしたのである。非常勤講師の体験は私にその後の進路を決定するほど、大きな影響を与えてくれた。「この子どもたちに二度と戦争の愚を繰り返させてはならない、そのために教育こそ決定的に重要であり、私個人としての生涯の使命である」という、確信を抱いた青春であったといえる。

2　教育調査・研究への仲間入り

　大学卒業後は教師になる予定であった（地元の女子高校の職が約束されていた）が、外語の主任教授から「文部省」へという話があり、教育の場でソ連の教育調査ができるということで、引き受けることになった。文部省の調査局調査課には外国調査班があり、アメリカ・イギリス・フランス・ドイツ（西ドイツ）の専門家は置かれていたが、当時高まりつつあったソ連教育の研究者が欠けていたためである。ご承知の通り、戦後日本の教育はデューイの経験主義教育が主流であったが、「はいまわる社会科」のような批判を背景に、基礎的・系統的な教育への復帰が叫ばれ、その事例としてソ連の教育学が着目された時代に入っていた。先進的といわれる大学教授や研究者は、昭和26年の「新教育批判＝矢川徳光」の出版などを契機に、こぞってソ連教育学の研究・翻訳・紹介に集中した感があったが、文部省にはソ連教育の専門家はレッド・パージで空席になっていたのである。

　文部省時代はソ連の教育制度・内容の研究を主として担当したが、資料としては特定個人の論文・思想書がほとんどで、その翻訳が大勢を占めていた。どのような制度の下で、どのような学校があり、どんな子どもが、どんな教師により、授業を受けているのかといった具体的な状況は皆目見当がつかず、何種類かの教育雑誌や論文などを取り寄せ、推量するしかなかったが、『Narodnoe obrazobanie v SSSR（ソ連の教育）』（メディンスキー著）を手に入れることができ、それによって、どうやら教育制度の全体像が理解できたのは60年代半ばのことであった。その後、大阪万博ソ連館の教育部門の担当者として、ロジオーノフ（連邦教育科学アカデミー研究員）が来日し、展示した教育関連書を国研に寄贈することになり、その縁で、図書の交換や交流が頻繁に行えるようになった。私の初めての訪ソも

1968年であり、その後はほとんど1～2年おきに各地の研究・教育機関を訪問するようになった。今では、考えられないことであり、必要な情報をパソコンにより、瞬時に入手できるし、訪問も自由になったが、それまでは特別な組織人以外ソ連への訪問はできなかったのである。なお、その際、「資料での理解と現実とのギャップの大きさ」に戸惑いながらも、現場体験・人的交流の重要性を思い知らされたことも付言しておきたい。

　昭和48年、国研に移ってからの生活は私の研究者としての人生のなかで最も充実したものであった。自由・ゆとりのなかでの研究が可能な職場であり、自己判断および責任以外にはほとんど気にかける必要を感じなかった。比較教育の仲間と楽しくも充実した研究生活を送ったが、大学の研究者をはじめ、若い学生たちも自由にわれわれの研究に参加し、補助的業務に時間を割いてくれた。本学会の主要メンバーの数人は、その時代の国研に足を運んでくれた人々である。なお、私自身は「ソビエト教育研究会」を設けて、毎月1回の研究会を行ってきた（1975年設置で、現在も＜ロシア・ソビエト教育研究会＞として継続している）。この間、所内人事の都合で指導普及部長の職を与えられ、全国の教育研究所・センターの人々との交流を行い（全教連担当）、次いで、臨教審の答申を受けて誕生した生涯学習研究部へと異動したが、それらは、私個人の研究に支障があるといったことはなく、むしろ人脈を豊かにし、国内の教育問題を具体的・実践的に把握するうえでの貴重な財産となった。定年後はその財産を活かし、静岡の常葉学園大学で比較教育学および生涯学習論を担当、その後縁あって星槎大学の新設に加わり共生科学学部を立ち上げる役割の一端を担ったのである。

3　生涯学習・共生・学習社会のはざまで

　以上、私自身の「自分史」のほんの一部を書いてきたが、本学会の設立に関連して、その経緯・背景等について、研究者の立場から述べておきたい。私が教育関係の学会に関係し、最も影響を受けたのは日本比較教育学会である。戦後の日本の教育の在り方を考える場合、特に主要国・先進国といわれる国々の学校教育がどう構築され、どのような教育が行われ、何が課題になっているか、わが国の学校教育をそれらと比較し、どのように

評価・位置付け、日本的特色を活かしつつ改善すべきかなどが、個人的関心であったが、それらのなかで、最も関心を引いたテーマの1つは、1960年代以降、ユネスコを中心に提言されてきた「生涯教育」の思想であった（「生涯教育」の呼称は臨教審答申以降「生涯学習」に統一されたが、その経緯については省略する）。

　生涯学習の思想の背景は、1つには社会変化の急速化や途上国の成人の教育要求等があるが、「人間の生きがい」に教育・学習がいかに大きな役割を果たすかという問題が提起されていた。ユネスコの「第3回成人教育国際推進委員会」（1965年）にはじまり、ユネスコの『Learning to be（邦訳＝未来の教育）』（1971年）、OECDの『Recurrent education』（1970年）などが次々に提唱され、人間の生きる根源として、個々人の生きがいとしての学び（教育・学習）への転換がみられ、ユネスコはその最終結論ともいうべき、『Learning－The Treasure Within（邦訳＝学習―秘められた宝）』（1996年）では、21世紀を「生涯学習の時代」と位置付け、その扉を開くのが生涯学習であると提言した。わが国でも、このような思想的背景を受けて、中教審のいわゆる「4・6答申」（1971年）や同年の「社教審答申」を皮切りに、最終的には臨教審（1984年～1987年）での21世紀の教育課題として、「個性重視の原則・生涯学習体系への移行・社会の変化への対応」の三点が答申され、大きな制度改革が行われたのは、ご承知のとおりである。この間、個人的な論文として、R・ハッチンズの『The Learning Society（邦訳＝学習社会論）』（1982年）やE・フロムの『To Have or To Be（邦訳＝生きるということ）』（1977年）などが、紹介され、学習の意義が改めて問われてきたのであった。

　このような教育改革のさなかに、私個人には星槎大学設立の話が浮上し、「共生科学学部」の単科大学（通信制）として承認されたのであるが（平成16年度開設）、これまで体験したことのない、遠大な目標であり、その教育内容や体系に頭を悩ましていた。「共生」（人と人・人と自然・国と国）の大枠は定めてみたものの、「共生とは」（「異なった種類の生物がお互いに利用しあって利益を受けながら、ともに生活している状態、そういう関係を維持している状態＝広辞苑」）、それを人間相互の関係としてどう捉えるか、それを英語でどう表現するか、（日本語で「きょうせい」にしたら？）といっ

た疑問や、「共生科学」の授業内容とその構造は？　など解決に苦しむ時を過ごしていた。一応大学としての体裁は整えたが、当然スッキリした形ができた出発ではなかった。特に、「共生」といった場合、ユネスコ憲章にある「戦争は人の心の中に生まれるものであるから、人の心に平和の砦を築かなければならない」（前文）が、ずっと頭にあり、その前提として、個々人にとっては平和を求め心豊かに生き、お互いが支えあうような学習（生涯学習）が必要であり、その目的・内容・方法等のなかに学習全体を包み込む概念として「共生」を置くのはどうかなどとも考えてみた。そこで、当初は大学の性格という視点からも「共生科学学会」を作り、「共生」を基本として、教育全体を見直すのが妥当ではないかという空気が強かった（なお、その後、星槎大学が中心になり共生科学学会が設置され、現在も活動している）。私としては「共生」は目的概念であり、それを目指す方途を探り出し、実現へ向けて活動するのは、あくまで個々人の生き方の問題であり、結局は納得できないままになっていた。特に、前述のハッチンズの「学習社会というものは、学習・達成・人間的になることを目的とし、あらゆる制度がその目的の実現を志向するように、価値の転換に成功した社会であろう」（現代のエスプリ146号、至文堂）という思想、「価値の転換」をどう現実のものにすべきか、が問われ続けていた。

4　学会設立への着手と今後の期待

　そんな折、小島（前会長）・岩﨑（常任理事）先生たちから、学会を創設する話がもち上がった。成熟し、急変しつつある社会のなかで、人間としての軸をぶらさず自立し、自由でお互いが支えあう社会を目指す学会を新設しようというのである。私も直ちに同意し「学習社会学会」の設立に取り組んだのである。学会設立の趣意書の作成から始まり、関係者への呼びかけと、当初の役員のお願い、総会場所の決定など、学会にふさわしい形態を整えるため、多くの労力を必要とした。この際、特に世話になったのが、「人間関係」という、古典的な手法であった。国研時代に顔見知りの人びとと、ロシア・ソビエト教育研究会の関係者、そして、それぞれの立場でもっている人脈の活用—そんな状況のなか、佐藤（晴雄）理事の協力で帝京大学

での最初の総会を開くことができたのである。大会後の整理はさらに大変なご苦労があったことと思うが、関委員長を中心にした編集委員会は見事にこの課題をクリアしてくださった。

　総会の席では、初代会長として、挨拶をしなければならなかった。最初の学会年報をひも解いてみると、「学習社会」とは、先ずは個々人が心豊かに生きることであり、学習により、学習を通じて「創造の喜び・他に役立つ喜び・感動の喜び＝生きる喜び」を獲得することができる社会、との見解を述べた。そして、さらに「研究を進めるにあたっての自戒」として、「決めつけることの危険性の自覚、実証的な研究の重視、複眼的・総合的な視点の重視、グループ研究の必要性、会員相互の人的交流の重視」などを挙げている。学習社会はこれまで経験した社会ではないが、実現する価値のある社会であることだけは、確かであり、それを目指すのが学会の役割だなどと発言したことが記録されている。その後10年を経た現在、「学習社会学会」の設立の理念と活動の経緯を問い直しつつ、「生涯学習の理念を承認しつつ（人間個々人が生きるうえでの学びの意味・役割の再確認）、それを包み込み、支持し、普及する環境・社会体制を改善し、究極的には共生社会を目指す学会＝つまり価値の転換に成功した社会の在り方に挑戦する学会」であると捉えている。

　しかし、この学会はいくつもの大きな課題を抱えているというのも間違いない。身近なところでいえば、学びたくても学べない層の存在、「持つこと」に生きがいを感じている層の存在などがあり、また、国際的観点からは社会体制の差異、貧富の格差、文化および伝統の差異（民族・宗教・生き方）などが存在し、民主・自由・平和を当然とし、生活の安定が前提となる社会のみが現存するのではない。そのなかでのみの「学習社会学会」でよいのか、が問われそうな気もしている。しかし、これら極めて政治的・経済的・社会的困難を背景にもちつつも、教育の分野でこの学会を発展させることが「共生」に接近するために、どうしても必要なのである。一人ひとりの人間が、「学習」を生きる喜びの根源として捉え、相互に支えあいながら、心豊かに生きる社会集団が存在することは、いずれ一般化の道をたどることになるに違いない。繰り返しになるが「学習社会」を支えるのは結局「人」であり、自然を守り、支えあい、平和を守るのも「人」でしか

有り得ない。その「人」に期待し、そのような人を育て、支える研究を広め、深めるのが「学習社会学会」の役割といえよう。学会はまだ、10年にしかならない。改めて過去を振り返りながら、あらたな課題は何か、今後の進むべき方向は間違いないか、など基本的課題を検討し、同伴者に呼びかけ、成長・発展していくような学会を期待している。

第2章 学校教育の観点から

小島　弘道（筑波大学名誉教授）

1　人間、社会における「学習社会」の視野

　本学会創設に向けて準備した「日本学習社会学会設立趣意書」（2004年）では、人間の学習を人間の生存（生きること）とそのことを通して結ばれる人々との関係・社会において必要とされる本源的な営為であると考えた。人間が生きることと、それをベースに展開される人々が結合し関係し合う社会との関係のなかで人間の学習の意義や価値を捉えるという問題意識が「学習社会」のイメージ、概念である。ここでの学習は、人間と社会を取り巻き影響し規定する問題や課題（観念的なものを含む）を解決していくことによって自らの意思の、人々との関係の、社会との関係の、さらには国際社会との関係の在り方を考え、それをよりよいものとすべく変革する目的意識的な人間の営み、行為を意味する。そうした社会は、「自律（自立）的な人間であることを志向しつつ、同時に共生を人間の行動原理とした社会」であり、それを「学習社会」と定義した。日本学習社会学会はそうした社会における人間と学習の関係、社会と学習の関係の在り方を問う研究を志向する研究集団であると宣言した。つまりこうである。国家や組織の原理が人間と社会のなかに深く浸透し、人間はこれらにより統制、管理され、またこの原理の実現と徹底を図る状況が進展した。他方で経済的に豊かな社会、しかも求心力を失った社会のなかで人間は個人化、個別化し、さらには孤立化を余儀なくされた。そうした人間と社会の姿とかたちを脱し、21世紀にあっては、自らをそれらの呪縛から解放し、自律（自立）

的な人間を目指すとともに、人間が生きることの実感とリアリティをつくり出し、発展させるにふさわしい社会環境を構築することが求められている。その方向は、自律（自立）的な人間であることを志向しつつ、同時に共生を人間の行動原理とした社会を構築することであると考えた。その社会は「学習社会」の構築によって実現されるとの問題意識から、そこでの学習の力、学習の在り方を問い、学習のかたちを構築することに寄与する研究と実践、そしてそれらの交流の場の必要性を訴えた。ここで意味する学習とは、問いという人間の根源的能力をベースに営む、学習、教育、文化の創造的活動の総体を示す概念である。

　本学会は学習という人間の行為を社会という視野において多面的、多角的に研究することを目的とした研究集団である。人間と学習の関係は21世紀の社会にあって特別で新たな意味をもつに至ったといえる。こうした関係を探り、そこにおける人間の学習の在り方に関わる知（理論知と実践知）を創造、蓄積、開発、交流する場と機会を設定することが本学会に求められている。その学会が10年を重ね、今日に至った。10年の間に日本内外の社会や環境は大きく変化した。その時間は関係的自律（森岡修一氏）を前提とした共生・共存型社会の可能性に危機を生み、深刻化させ、また様々な格差の進行や地域社会の崩壊と学習の危機を生んだ。これらは世界の多くの地域にみられる現象であるばかりか、国家間、地域間（国際関係）における問題としても直視しなければならない問題である。本学会は3.11東日本大震災が生きることと学ぶことの意義を大きく変え、また変わらざるを得ないことを確認した。自分のために学びがある、学びをつくるという次元を超えて、関係的自律人として他者の存在や営みを視野に置いた学びがあること、また必要であり大切であることを多くの人たちが感じ始めた。他者との共生・共存、他者への気遣いと心遣いが息づく学びの意義を感じるようになってきたのではないかと考える。これまでになかった新しいかたちの学習を求め、それらを支援する専門家を必要とすること、学習を関係的自律の形成と社会参加・変革を促す力として受け止め、それを人間の基本的で本質的な営みと考えることに対応する学習の社会システムとガバナンスを構築することの重要性を訴えた。

　2003年10月、子どもや女性の教育を受ける権利を訴え、武装勢力に銃撃

され、瀕死の重傷を負ったパキスタン女性マララ・ユスフザイさんがニューヨーク国連本部で16歳の誕生日にあたる7月12日、国連が題した「マララ・デー」に行った演説で訴えたものは本学会が解明を求め、実現を求めてきたテーマと同一の地平にあるものである。マララさんは世の中を変えるものは、平和な社会をつくるものは、本とペン、それによって得た知であり、それは最も強い武器となる。一人の子ども、一人の教師、一冊の本、一本のペンが世界を変えることができる。教育は、これを可能にするものだと述べた。マララさんは今日の誕生日は私の個人の日ではなく、それは教育を受ける権利を求め、その実現を願うすべての子どもたち、女性の日であると述べ、教育と学習が個人の利益や関心を超えたものであるとともに、それが持続可能な平和な社会をつくるための最も強い武器、方法であると強調した。それは子どもたちの教育と学習を促し、豊かにする社会（学習社会）であることを確認したといえる。3.11とマララさんの訴えは、わたしたち人間や社会にとっての教育や学習の意味を改めて問うている。本学会がこうした課題にどう向き合い、いかなるこたえを出し得るかが問われているといえる。

　学校教育はどのような社会を目指すのか、どのような国家社会をつくるのかと無関係ではない。たとえば原発に支えられる社会をこれからも存続させる方向での社会を描くのか、その方向の学校教育を目指すのかということである。関東地方に展開している地域金融機関の城南信用金庫は2011年12月2日「原発に頼らない安心できる社会」の実現という脱原発宣言を発表し、より実際的ないしは実践的な観点から社の哲学と理念を訴え、ホームページで次のような「原発に頼らない安心できる社会へ」を発信している。学習社会を視野に置く研究は脱原発社会か、そうでない社会かという問いにどう向き合うかということも大切なテーマなのではないか。学会のエスプリ、姿勢が問われている。

> 　原発に頼らない安心できる社会へ
> 　東京電力福島第一原子力発電所の事故は、我が国の未来に重大な影響を与えています。今回の事故を通じて、原子力エネルギーは、私達に明るい未来を与えてくれるものではなく、一歩間違えば取り返しの

つかない危険性を持っていること、さらに、残念ながらそれを管理する政府機関も企業体も、万全の体制をとっていなかったことが明確になりつつあります。こうした中で、私達は、原子力エネルギーに依存することはあまりにも危険性が大き過ぎるということを学びました。私達が地域金融機関として、今できることはささやかではありますが、省電力、省エネルギー、そして代替エネルギーの開発利用に少しでも貢献することではないかと考えます。そのため、今後、私達は以下のような省電力と省エネルギーのための様々な取組みに努めるとともに、金融を通じて地域の皆様の省電力、省エネルギーのための設備投資を積極的に支援、推進してまいります。

　以下、略。

2　「学習社会」研究と学校教育

(1)　「学習社会」と学校教育

　人間は自らの生命を維持し生活するために自ら、または他者・社会が求め、必要とするものをつくり、もしくは加工し、さらには提供するという行為を通して創造された知を受け継ぎ、蓄積することで自らの生命と生活を持続させ、社会を営んできた。その知は、人間がその社会に生きるために不可欠な知であり、学校はそうした知を核として組織的、計画的に教育という事業を営む教育機関として誕生した。急激に変化し、多様化・複雑化・高度化する現代社会にあって、学校の基本的な課題はそうした社会に生きる人間にとって必要とする資質や能力を学校知（教育課程・カリキュラム）としてどう設計し、それを魅力的な教育活動としてどう展開するかにある。学校の使命は、社会や時代の課題や要請をふまえ、現在および未来の社会に生きる子どもたちに必要な人間的諸能力を全面的に開発、発達させることを視野に、人間がこれまでの生活や社会のなかで創造し蓄積してきた実践や認識の諸形式（科学・芸術・文化・価値など）を教育的価値として構成、編集し、子どもたちの学びや学校生活を通して人間的、社会的、職業的自

立に必要な能力を育成することにある。

　学校は、これまで人間が生活と社会のなかで創造し、蓄積してきた知について、子どもがそれをわがものにすることで、将来の生活を設計し、職業を選択する能力、すなわち「生きるすべ」を身に付けていく。それを学ぶことで人間としての諸能力を身に付ける。他方、学校で教師や仲間と様々な関係やつながりをつくりながら、人間として、社会人として必要な能力や振る舞いを身に付けていく。学校は教育をし、学ぶところであり、他方生活するところでもある。学校生活は子どもに満足感、充実感を与える学びと、人とのつながりを通して人間性、社会性、社会力を育む知的成長環境でなければならない。

　学校の教育と学習は学校知を軸に展開される。そうではあるが人間には様々な能力がある。学校知に関わる能力は学校教育ではその中軸ではあるが、意欲、感性、人間性、問題解決力、行動力、リーダーシップ、体力などとともに、もしくは相互に関係し合って存在する能力の総体としてあり、その人なりの個性や特性をかたちづくっている。教育が人格形成だといわれるゆえんがここにある。学校教育はこうした人格の形成を期して行われる。子どもたちの学習は基礎的基本的な知を身に付けながら、様々な活動を通してより高い知、より深い知、より広い知を獲得し、自己の知の世界をつくりあげる。学習を通して学習力を高める、学習力を通して自分の視野や世界をつくっていくということになろうか。「子どもたちの人生と未来に責任をもつ」という学校教育の究極の目的は学習力の育成だと考える。自ら問題や課題のありかを考え、探究し、それらを処理・解決する能力とともに、これらのプロセスを論理的に言語によって説明する能力（プレゼン力）である。こうした能力によって高められる子どものポテンシャルは学校教育を終えた後のリアルな生活や社会での課題解決のなかでさらに進化し、自分なりの考え方や問題解決の仕方として人格化されることになる。「子どもたちの人生と未来に責任をもつ」学校とは、学校教育によって高い学習力の育成を核に子どものポテンシャル、能力を全面的に開発、発達させることに取り組んでいる学校である。さらに子どもたちが夢と希望のある未来社会を描き、そのために今、そして将来何をしたらよいかについて語り合う教育を展開する学校である。「学習社会」も未来社会の在り方の1

つである。

　教育において夢のある未来を語ることができるとはどういうことか。わたしは2011年7月、東日本大震災で甚大な被害を受けた岩手県から宮城県にかけての三陸海岸地域の被災状況を実感する旅に出た。目に入った風景は人間社会、地域社会、自然が壊滅された姿だった。それでも時間をかければなんとかなる、ここに人々が戻ってくれば、また人々が集まってくれば地域の再生と復興は必ずできるという確信めいたものが脳裏に浮かんだ。人間にはそれをなしうる経験と知恵がある。これまでもこの地域の人たちは幾多の苦難を乗り越え、克服してきたという歴史に思いを寄せ大きな希望を得た思いがした。そうだ、希望こそがこの地域を生き返らせ、復興させるエネルギーとなる。希望とは、子どもたちや人々がその地域、社会、世界の在り様を夢として語りうる可能性としての未来である。そうした未来を可能にし、もしくは未来につなぐ教育はどのようにして可能なのだろうか。復興を夢と未来につないでいく教育の役割とは何か、教育研究者として三陸海岸沿いを歩いた思いと問いはこのようなものだった。

　これまでの教育は、国家社会の発展に向けた「〜のための教育」、受験・進学に向けた「備える教育」がリードしてきた。ここでは教育の目的が子どもの外側に置かれ、外側の目的のために教育活動や学校づくりが展開されてきた。こうした教育から逃れることはできないが、子どもが「今を生きる教育」（ヤヌシュ・コルチャック）、つまり今ある子どもの思いや姿をふまえ、子どもを取り巻いている地域やそれを超えたところでの環境や営みに学びの必要や動機を見出し、子どもの今にこたえる学校教育として設計することに成功してこなかった。「今を生きる教育」は同時に未来に生きる夢と希望につながるものでなければならない。そのつなぐものは、そこでの学びによって得たものが、その後の教育や社会において自らの「生きる力」を膨らませ、人生の糧となり力となるよう促すとともに、成熟した地域や社会づくりに貢献することにつながる社会的視野と価値である。学校教育の役割はここにある。他者・社会との共鳴・共感を通して、共生と共存が息づく社会の構築ということに夢と希望を求め、人間の学習行動を促すことではないかと考える。未来社会につなぐ夢と希望が学習力を高め、またその質を高度化することになる。学習社会構築という高い志を伴う学

習思想を生むことができるのではないか。「問いという人間の根本的能力をベースに営む、学習、教育、文化の創造的活動の総体を意味する」学習（「趣意書」）を、人間的、職業的、社会的自立を促す活動にとどめず、それを社会的行為、社会関係、社会制度など社会現象として捉えることが重要になる。それは、個人の利害や関心を超えたところでの学習の視野、地域社会をつくるなどの社会行為、社会システムという視野において学習の意味や意義を考えることである（「東日本大震災の復興と教育の役割」（筑波大学教育開発国際協力研究センター主催・CRICED-SEAMEO-APEC国際シンポジウム「自然災害（地震・津波・火山噴火・台風・洪水）」における教育の役割での報告から、2012年）。

　こうした学習社会の構築を視野に置く学習の考え方、在り方はこれまでの学習の概念とはずいぶん違ったものとなる。学習権の意味合いもそうだといえる。第4回ユネスコ国際成人教育会議（パリ）の宣言「学習権宣言」（1985.3.29）に示された学習権の思想は改めてこの意味深さを教えてくれる。そこでは、「学習権とは、読み書きの権利であり、問い続け、深く考える権利であり、想像し、創造する権利であり、自分自身の世界を読み取り、歴史をつづる権利であり、あらゆる教育の手だてを得る権利であり、個人的・集団的力量を発達させる権利である。」としている。続いて、学習権は未来のためにとっておかれる文化的ぜいたく品ではない。それは、生き残るという問題が解決されてから生じる権利ではない。学習権は、人間の生存にとって不可欠な手段である。もし、世界の人々が、食糧の生産やその他の基本的人間の欲求が満たされることを望むならば、世界の人々は学習権をもたなければならない。もし、女性も男性も、より健康な生活を営もうとするなら、彼らは学習権をもたなければならない。もし、わたしたちが戦争を避けようとするなら、平和に生きることを学び、お互いに理解し合うことを学ばねばならない。学習権なくしては、農業や工業の躍進も地域の健康の増進もなく、そして、さらに学習条件の改善もないであろう。この権利なしには、都市や農村で働く人たちの生活水準の向上もないであろう。端的にいえば、このように学習権を理解することは、今日の人類にとって決定的に重要な諸問題を解決するために、わたしたちがなしうる最善の貢献の1つなのである。しかし、学習権はたんなる経済発展の手段で

はない。それは基本的権利の1つとして捉えられなければならない。学習活動はあらゆる教育活動の中心に位置付けられ、人々を、なりゆきまかせの客体から、自らの歴史をつくる主体にかえていくものである。それは基本的人権の1つであり、その正当性は普遍的である。学習権は、人類の一部のものに限定されてはならない。すなわち、男性や工業国や有産階級や、学校教育を受けられる幸運な若者たちだけの、排他的特権であってはならないなどと述べている（国民教育研究所訳による）。

ここにはマララさんの思いと意思、行動が重なり、権利として語られる。ここでの権利としての学習は、わたしたちが描く学習社会、そこでの学習の在り方、学習の思想と深くつながっていることに改めて気づかされる。OECDならば、どういう描き方、表現をするだろうか。

(2) 学校経営の役割

学校経営は、学校教育を実現する営みである。

学校経営は、教育事業経営体である学校において、公教育目標もしくは建学の精神を視野に学校づくりの理念、ビジョンを構築し、その実現のために戦略を設定し学校経営計画を策定して、ヒト、モノ、カネ、情報、ブランドなどの経営資源を調達、運用して目標を達成しようとする目的意識的で計画的な営為である。ここで重要なことは、学校の使命は、「子どもたちの人生と未来に責任をもつ」ことにあり、そのための学校教育を実現することだということである。したがって学校経営は「子どもたちの人生と未来に責任をもつ学校」の現在と未来への思いと問いの語りをどう構想し、実践するかにある。これはまた、現在と未来に対する思いと問いがあり、夢と希望を語りうる学校集団を築き、それを組織文化として広く、かつ豊かに息づく学校づくりにつなげていくことである。

このように学校経営は、学校で行われる、もしくは学校においてみられる経営現象であるとともに、教育を事業として経営し、管理運営する行為である。学校が公教育として組織されている場合、学校の経営は公権力の教育意思としての教育政策・行政（学校経営政策）によってその意思を実現するよう期待され、そのための学校経営に関わる権限や仕組みが制度として展開される。それは教育、人事、財務、施設設備、関係機関・組織と

の関係など、学校の経営活動全体に及ぶ。こうした経営現象と経営行為を研究することが学校経営研究である。学校経営学はこうした研究行為を通して創造され、蓄積された一定の知の体系であり、またそれを再定義し、新たな知を創造することが当該学問の使命である。学校の基本は教育機能であるがゆえに永遠に価値志向的であるとともに、その経営を担う人の哲学や思想に立脚して展開するがゆえに価値志向的であり、したがってまたその価値の方向や在り方に関わる責任が問われる。それはまた、自校の現在と未来に対する当事者たちの深く熱い思い、願い、希望、夢が息づく学校づくりの理念、哲学によって担保される。学校経営とはそうした価値を自覚しながら、それに基づいて業務を展開することが期待される。それ故に学校経営は自律的であるし、あるべきだろう。自律的学校、そして自律的学校経営の構築は、何よりも教育機関としての学校にふさわしい裁量権限とガバナンスが存在していることを前提とする。自律的学校経営とは公教育制度としての学校の存在理由を問い、その使命や役割を達成するために必要な学校経営の自主性や自律性を制度（学校経営制度）として追究することを通して、その実現を目指す学校経営の思想と制度である（囲み「自律的学校、自律的学校経営のイメージ」）。それはある、存在するというよりは思想と制度の在り様を探究し、そこから導き出される姿、かたちを構想し、つくりあげることである。現代の学校経営学の課題はまさにここにあるというべきだろう。

　自校の現在と未来に対する当事者たちの深く熱い思い、願い、希望、夢が息づく学校づくりの理念、哲学、それが自律的学校経営の構築が目指すべき学校づくりの方向であると考える。ある小学校校長は「経済格差を教育格差にしない」ことを学校づくりのビジョンに掲げ、まず言語環境を整えることを実践した。未来まではいかないまでも、未来につなぐ壮大な学校改革だと思う。

自律的学校、自律的学校経営のイメージ
- 学校は地域社会の知的共有財である
- 学校の使命は子どもたちの人生と未来に責任をもつことにある
- 専門的意思が尊重され、大切にされる

- 学校が必要とする科目などを設定できる（学校設定科目）
- 学校が教科書を採択もしくは選択する
- 学校は教科書に準ずる教材などを作成、もしくは選択する
- 学校は柔軟な学級編成ができる
- 学校は教職員の人事において相応の裁量権を有する
- 学校が校長の選出や推薦ができる
- 学校は保護者・子どもたち・住民の教育への願いや意思に基づいて運営される
- 保護者や地域住民に直接責任を持つ学校経営のシステムがある
- スクールリーダーシップが尊重され、大切にされる
- 持続的な学校経営にふさわしい人事制度がある
- 以上が学校経営制度として整えられている

3　学習社会学会の課題
――「知識基盤社会」から「学習基盤社会」に向けて

　篠原清昭氏は「個人」と「関係性」の相関、「個人」と「公共性」の相関を中心に学習社会を構造化することが学習社会研究の課題であると指摘した。さらに学習社会研究の研究方向、研究対象、研究方法において曖昧さがみられると指摘する。われわれはこの指摘を学習社会研究への警鐘と真摯に受け止める必要がある。学習社会研究の危機ともいえるこの指摘は、「本学会の存在価値が学習行為を通じて共生を人間の行動原理とした学習社会の形成の意味と方法理論を探求するという問題意識をもつことを再帰的に考えなくてはならない」ということに尽きる（「学習社会の研究方法論」日本学習社会学会設立10周年記念シンポジウム「日本学習社会学会の使命（存在理由と課題（学術性と実践性）を考える）」日本学習社会学会年報・第10号、2004年）。同感である。研究にこのような曖昧さが出てきた場合、学習社会について原理的、本質的にとことんこだわる"原理論研究者"の出現が期待される。いわば研究のオピニオンリーダーである。贅沢な期待ではあるが、こうしたことを常に意識した学会であってほしいと考える。

本学会の意義を発展させ、現代社会における学会の役割と課題をいえば次のようになろう。

　本学会の役割は、学習の意義を人間が独り立ちし自律的に生きる力の形成に求めるとともに、そうした学習を社会的な視野において再定義し、関係的自律人が交わり、共生・共存型の社会を構築するという、人間と学習の関係モデルを社会システムとして構築することにあると考える。それは、関係的自律人として関係的自律を基盤とした共生・共存型社会をこれからの社会像とし、その実現を図るための研究と実践を本学会の使命とすることを意味する。

　これを実現するための筆者の思い、期待を述べれば次のようになる。

　①知識基盤社会という社会像は学習や教育の役割を否応にも高める。他方ではその社会の現実としての自己責任の社会システム、経済的効率の追究や、環境、食料、水、貧困、格差、民族、宗教、戦争、原発・エネルギーなどの問題は人間の関係的自律と人間の共生、共生型社会の実現にブレーキをかけたり、破壊さえもする。これらは人間が、人間社会が解決すべきものである。政治や政策によって解決できるものがあるが、現実の生活や社会の目線から、また将来の社会の在り方から考えるという問題意識に立ってことがらを考え、解決の方向を探究する営みを持続的に展開することがなければ共生・共存型社会は永遠に達成しえないだろう。ここでの力は人間の主体的な学習によって獲得される知見と実践の力によるところが大きい。人間は学習力という計り知れない力を宿している。

　②ボランティアやNPOによる市民参画型の活動など新しいかたちの活動とそれに関わる学習活動は、個人生活の関心や利益を超えたところでの、人間の共生的な生き方や社会貢献を目指すもので、これまでになかった新しいかたちの学習を求め、それらを支援する専門家を必要としている。こうした研究と実践は数多くみられるが、それが本学会の目的に沿うものとなっているかの吟味が必要になろう。また少子高齢化社会という21世紀社会の現実は、生き方の充実、在宅訪問などの地域医療、健康、子育て、教育などを共生と共存という視野からその在り方を構想していく必要がある。

　③学習を社会的視野に置いて捉えるという発想は、学習の社会システム

やガバナンスを想定している。希望などは、これまで心の問題、心理学や臨床心理学の観点から論じられてきた。これが、「希望学」のように社会科学的な視野から見ていく必要がいわれだしたことを想起すれば、このことは明白である。学習を関係的自律の形成と社会参加・変革を促す力として受け止め、それを人間の基本的で本質的な営みと考えることに対応する学習の社会システムとガバナンスを構築することが重要だと考える。「知識基盤社会」から「学習基盤社会」へという視野の意義に気づきたい。

　本稿は学会設立10年を記念して開催したシンポジウムでの報告「日本学習社会学会の使命（存在理由）と課題（学術性と実践性）を考える」（2013年9月1日、関西大学）に基づいている。

第3章 マイノリティ教育と学習社会研究の再構築

教育・研究方法の脱植民地化と先住民族の主体形成

前田　耕司（早稲田大学）

1　序

　本稿の目的は、先住民族問題の検討をとおして学習社会研究の視座・方法についてマイノリティの視点から再構成することにある。具体的には、オーストラリアの大学における先住民族主体の専門職養成・能力開発システムおよび先住民族のコミュニティのリーダーとなる担い手養成における双方向型のアプローチの検証をとおして、日本における先住民族アイヌ主体の教育支援のプログラム構築の可能性と課題について質的研究の方法を交えながら模索・検討する。

　マイノリティ、なかでも先住民族の教育権の保障を求める学習社会研究の視点はこれまでない。それゆえ、先住民族主体の学習社会研究の方法論的再検討は喫緊の課題といえよう。野元弘幸[1]は、「先住民族教育研究の第一歩は、既存の研究の植民地主義的な手法や性格を批判的に分析・検討することから始めなくてはならない」として、スミス（Smith, T. Linda）の「脱植民地主義」的な研究方法を援用し、「それを担う先住民族出身の研究者の育成」の必要性を指摘している。

　野元の主張を裏付ける言説として、アイヌ民族の当事者としてこの分野に関する研究の蓄積がある清水裕二の問題提起は看過できないであろう。アイヌ民族の歴史・文化への理解に関しては膨大な先行研究がある一方、アイヌの主体性を尊重した大学教育の在り方を追求した先行研究には限りがあるからである。その点において、少数民族懇談会代表でエカシ（古老）

の清水 (2) は、「アイヌ民族大学の創設を求めて」日本社会教育学会編『アイヌ民族・先住民族の教育の現在』（東洋館出版社、2014年）の自身の論稿で、アイヌの当事者としての観点から「アイヌ民族の正しい歴史と文化やアイヌ語の復活を希求し徹底的に学び、将来おもに義務教育制の小中学校の教師としての勤務を求める教員養成大学」の設置を切望する。また同書で、島崎直美は、アイヌ女性の視点からアイヌ女性の権利回復や自立のために、アイヌ女性の政治的、公的活動など政策決定への参画促進やアイヌ女性指導者のための育成プログラムの創設 (3) が喫緊の課題であるとして、アイヌ女性のエンパワーメントの可能性を広げる施策の必要性を訴える。一方、川村シンリツ・エオリパック・アイヌは、萱野茂二風谷アイヌ資料館館長の萱野史郎によるアイヌ出身の弁護士の必要性を示唆する言説を援用しながら、人権侵害や地権問題が頻繁に起こるアイヌ民族への人権侵害への対応としてアイヌ出身の法曹養成の緊要性を説く (4)。自民族に関わる法律上の問題は自民族で解決するという自己決定の視点に基づく論理の展開である。清水・島崎・川村・萱野はともにアイヌの当事者としての視点から先住民族主体の専門職養成・担い手養成の必要性を希求している点で注目すべきであろう。

　一方、学習社会研究の再構成の必要性については、小島弘道が「10周年記念事業シンポジウム」設定の趣旨説明のなかで持論を展開している。小島は、「自律（自立）的な人間であることを志向しつつ、同時に共生を人間の行動原理とした社会を構築することである」(5) とする日本学習社会学会設立趣旨を振り返りながらも、その後の社会を取り巻く環境の変化をふまえ、「自分のために学びがあるという次元を越えて、『関係的自律人・自立人』として他者の存在や営みを視野に置いた学びがあること、また必要であり大切であることを多くの人たちが感じ始めたと受け止めた。他者との共生・共存、他者への貢献としての学びの意義を感じるようになってきたのではないか」(6) として、学習者相互の関係性の構築と個々の学習者の主体形成が不可分の関係にあるとして、学習社会研究の方法の捉え直しの必要性を示唆する。

　この小島の言説を先住民族問題に引きつけて考えれば、先住民族を自立した主体として位置付け、先住民族と非先住民族との対等の関係性の構築

を目指す札幌大学の「ウレ シ パ」（urespa）（アイヌ語で「育て合い」の意味）プロジェクトの取り組みや大学における先住民族主体の専門職養成・能力開発の仕組みの構築および先住民族の担い手養成における双方向型のアプローチの開発を目指すオーストラリアの取り組みは、先住民族の主権を回復する試みであるといえ、学習社会研究の再構築にとって示唆的なモデルとなり得るであろう。

2　日本における先住民族アイヌ主体の支援プログラム構築の可能性と課題

　札幌大学のウレ シ パ・プロジェクトにみられる先住民族のエンパワーメントを涵養するための高等教育システムの整備は、裏を返せば、先住民族主体の制度的な仕組みの構築を目指したものといえよう。それには以下の理由がある。ウレ シ パ・プロジェクト構想の原点は、提案者の本田優子副学長による1年間に及ぶアイヌ・コタンである平取町二風谷における生活体験や、萱野茂のアイヌ語辞書編纂への協力およびアイヌ語教室の講師としての研究・教育活動に起因するとされる[7]。こうした点について筆者は、「ウレ シ パでつながるアイヌ民族と和人の若者―自己肯定感を育む多文化共生の『育て合い』の学習―」（日本学習社会学会編『学習社会研究』第2号）および"Connecting Indigenous Ainu, University and Local Industry in Japan :*The Urespa Project*",*The International Education Journal :Comparative Perspectives*, 12（1）,（The Australia and New Zealand Comparative and International Education Society）の両論考において視点を変えて発表している。とりわけ、前者では、札幌大学のウレ シ パ・プロジェクトの展開過程に着目し、「ウレ シ パ」奨学生と本制度の提案者の本田を調査対象者として半構造化的なエスノグラフィックな語りによる分析（Ethnographic Narrative Approach）（2012年）を実施し、和人との「つながり」がアイヌ民族学生にとってどのような意味をもつのかを考察している。

　ウレ シ パでは、「支援側の和人」と「非支援側のアイヌ」というマジョリティがマイノリティを支援するという従来の植民地主義的な関係性を払拭し、アイヌ民族を主体としたアイヌ文化学習活動の展開をとおしてアイヌと和

人が相互につながる。そして、そのことが先住民族としての主体的な学びの形成の基礎となる自己肯定感を高め、大学での学びや主体的に学習に参加する態度としてのエンパワーメントの可能性を広げるという。このような脱植民地主義的な発想がウレシパであり、このアイヌ民族学生支援の学習システムは、概ね、以下の３つの柱から構成される。すなわち、①意欲と能力のあるアイヌ民族の若者に奨学金を給付して入学・修学を支援する「アイヌ民族枠」の設置、②卒業後に協賛する企業（ウレシパ・カンパニー）への就職を斡旋する「アイヌ民族優先雇用枠」の設置、③アイヌ民族の文化と歴史の学習活動に関わる「アイヌ文化の担い手育成」、の３つの柱を基本軸にウレシパは展開されることになる。実際、昨年、ウレシパ奨学生の一期生が３人卒業しているが、そのうちの１人がすでに道立アイヌ民族文化研究センターの非常勤職員としてアイヌ文化の伝承に関わる仕事に従事する[8]など、すでにその成果は表れつつある。

　いうなれば、ウレシパは、アファーマティブ・アクションの視点から「先住・少数民族枠」を組織する四国学院大学の「被差別少数者特別推薦入学」の要素に、苫小牧駒澤大学国際文化学部国際文化学科の「北海道・アイヌ文化コース」にみられるような「アイヌ文化の担い手養成のコース開設」の要素を付加したプログラムということができよう。また、その理念は、1984年に社団法人北海道ウタリ協会総会でアイヌ新法として希求したとされる「アイヌ民族に関する法律」（案）の第三「教育・文化」4．の条項における「大学教育においてはアイヌ語、アイヌ民族文化、アイヌ史等についての講座を開設する。……＜中略＞……アイヌ子弟の入学および受講についても特例を設けてそれぞれの分野に専念しうるようにする」[9]という規定にも通ずるともいえよう。

　しかしながらその一方で、同条項の「……＜前略＞……講座担当の教員については既存の諸規定にとらわれることなくそれぞれの分野におけるアイヌ民族の優れた人材を教授、助教授、講師等に登用し、……＜後略＞……」[10]という規定が反映されていないという課題も見えてくる。それは、ウレシパ教育を行う主体が和人であり、教授組織の主体にアイヌ民族が参加していないという点からも推察されよう。アイヌ民族自身が主体となるアイヌのコミュニティの担い手養成が肝要であることは自明であるが、そ

表3-1　積極的な活動を進めるために何が必要だと思いますか。
（人、%）

区分	実数	構成比 (160人)
1．指導者の養成	115	71.9
2．活動場所の確保	25	15.6
3．活動費の確保	86	53.8
4．地域住民の理解	56	35.0
5．公表（公開）の機会の確保	29	18.1
6．その他	2	1.3

※　複数回答
（出所）　北海道環境生活部『平成11年　北海道ウタリ生活実態調査報告書』1999年
（http：//www.pref.hokkaido.lg.jp./ks/ass/jittai11.html　2012年9月4日閲覧）

うしたアイヌの担い手を養成する指導者としての研究者の養成は最重要課題であろう。アイヌのコタンのリーダーとなる担い手の養成の必要性については、表3-1 の北海道環境生活部が1999年に行った『北海道ウタリ生活実態調査報告書』による分析結果からも明らかなように、アイヌの指導者の養成は、これまでもアイヌ・コミュニティの課題とされてきたからである。

　次節では、そうした点をふまえて、先住民族アボリジニを主体とした教授陣によるアボリジニの担い手養成に取り組むオーストラリアのモナシュ大学の先住民族主体の専門職養成・能力開発の仕組みについて考察し、日本におけるアイヌ民族支援における課題を浮き彫りにしたい。

3　モナシュ大学におけるアボリジニを主体とする教授陣による教員養成の再組織化

(1)　教員養成における教授・学習理念の再構築

　オーストラリアにおいては、大学における先住民族支援の歴史は、政策的には1988年の高等教育改革における教員養成をはじめとする先住民族へのアファーマティブ・アクションの歴史と重なる。モナシュ大学（Monash

University）においてもそのルーツは古く、大学創設時に遡り、1964年のアボリジニ問題研究センター（The Centre for Research into Aboriginal Affairs）の設置や1984年創設の入学支援を目的とする「アボリジニおよびトーレス海峡系民族」（Aboriginal and Torres Strait Islander peoples [11]）のための「架橋コース」（Bridging Course）としての「アボリジニためのモナシュ・オリエンテーション・プログラム」（Monash Orientation Scheme for Aborigines, MOSA）を起源とする。現在のユレンディ先住民族支援室（Yulendj Indigenous Engagement Unit）の設置へとつながる先住民族支援の素地は、その当時にできたと考えるべきであろう。今日、その規模の違いはあるにせよ、オーストラリアの州立大学のすべてが先住民族支援のプログラムを有していることは周知の事実であるが、モナシュ大学の取り組みは、先住民族の主体性を尊重する教員養成の仕組みの構築を目指す点において他大学のプログラムとは一線を画する。その理由を示す言説が「オーストラリアの教育における公正とアクセス」（Equity and Access in Australian Education）をメインテーマとする「モナシュ大学教育学部創立50周年記念カンファレンス」（2015年10月31日）におけるスピーチの一端に垣間みれる。2014年の教育学部創立を祝う基調講演のキーノート・スピーチにアフリカ系アメリカ人の女性教授を招聘し、その問題提起に対するレスポンスに学部を代表してオーストラリア先住民族にルーツをもつアボリジニの専任講師を大抜擢した。次のローラン（Loughran, J）学部長によるカンファレンス開催に臨む挨拶は先住民族主体の教育システム構築の必要性とその意義を裏付ける。

「教育学部を代表して、アンダーソン（Anderson, P. J.）博士がレスポンスしてくださいます。それには、特別な理由があります。ワシントン（Washington, T. G.）教授の話をお聞きになったように、そしてその話が実は何を意味しているのかをよく考えてみると、ある意味、アメリカがまったく別世界であるように思えてくるでしょう。なんて素晴らしい話だ、誰かがそのような難題を引き受け、取り組み、それをチャンスに変え、成功させたということは素晴らしいことだと、皆さんはおっしゃるでしょう。そこで私たちは、ここオーストラリアで私たちが何をするの

かということを考えなくてはいけません。私たちが直面している課題は何なのか、どうやってそれらに対処すべきなのでしょうか。<u>アンダーソン博士が本学部を代表して、私たちが取り組んでいる先住民族教育についてお話ししてくださいます。それは私たちにとって新しい世界であり、新しい試みです。とてつもない挑戦であり、博士はそれをチャンスに変えようとしているお一人です</u>（下線部筆者）」[12]。

　上述の語りの文脈からは、先住民族主体の教員養成システムの構築を企図した大学の変革に向けてのローラン（Loughran, J）学部長の強い決意がうかがえよう。この文脈が示唆するところは、先住民族主体の教員養成の仕組みの構築を意図する教育制度・教育機関の確立であろう。その根拠として、この声明（宣言）の翌年に、アンダーソンは、モナシュ大学先住民族諮問委員会（Monash University Indigenous Advisory Council, IAC）の副議長として同委員会の意思決定に関わり、学長および上級管理職に対して先住民族の教育におけるアクセス・参加・学習成果および先住民族の研究・雇用に関するプログラムについて助言ならびに地域の先住民族コミュニティの意見を具申する立場にある[13]。

　以下では、こうした論点をふまえて、1つに、モナシュ大学の教員養成において先住民族が主体となる教授・学習の組織化がどのように図られているのか。2つに、そうしたプログラムに先住民族の教授・学習観（Indigenous perspectives on teaching and learning）がいかにして組み込まれているのか。モナシュ大学の教育学部の授業における参与観察をとおしてアボリジニが主体となる教授・学習の組織化およびアボリジニ理解の教授・学習方法の開発の可能性を探りたい。

　モナシュ大学教育学部1学期の授業（EDF2031- Indigenous perspectives on teaching and learning-S1・2015）の単元ガイドによれば[14]、授業の狙いは、「ナショナル・カリキュラム」（Australian Curriculum）および「国家教職規範」（Australian Professional Standards for Teachers）に照らして、アボリジニおよびトーレス海峡系民族や彼／女等の歴史、文化的アイデンティティ、言語的背景に対して幅広い理解と認識、尊敬に努め、アボリジニおよびトーレス海峡系民族の生徒の教育にそれがいかに有効であるかを認識すること

であるとされる。そこでは、先住の伝統的なコミュニティ出身の学習者に関わり、どのように彼／女らの学習成果を挙げ、そしてアボリジニおよびトーレス海峡系民族と非先住オーストラリア人との和解を促進するパートナーシップをいかに構築していくのか、そのための技能や見識を養うことの重要性が示されているのである。モナシュ大学では、教師の専門職性の開発を最重点項目に挙げており、そのことは、マ・リア（Ma Rhea, Z.）と、アンダーソンおよびアトキンソン（Atkinson, B.）のアボリジニ研究者２人による共同研究プロジェクトの成果報告書として「アボリジニおよびトーレス海峡系民族における教育改善―国家教職規範重点分野1.4 および2.4―」（Improving Teaching in Aboriginal and Torres Strait Islander education: National Professional Standards for Teachers, Standards Focus Areas 1.4 and 2.4 : 9, September, 2012）が示されたことでも明らかである。本報告書は、アボリジニを共同研究者として位置付け、研究上の情報交換や意見交換等の討議に先住民族の研究者が参画しており、先住民族主体の研究の手法に可能な限り近づけた点で注目に値しよう。

　さらにいえば、本稿執筆中も筆者は、Visiting Scholar としてモナシュ大学を訪れた2015年５月以降、同大学の研究者と「植民地後の先住民族教育観（仮題）」（Tentative title : Australian and Japanese Postcolonial Perspectives on Indigenous Education）と題する共同編集書籍をブルームズベリー出版社（Bloomsbury Publishing Plc）より刊行する国際共同研究プロジェクトを組織・運営しており、編者として参加するアボリジニの研究者の納得・協力を得ながら研究を進めるという手法は現在も維持している。

　なお、筆者は、在豪中の2015年５月から９月までモナシュ大学教育学部１・２学期の授業（EDF2031- Indigenous perspectives on teaching and learning-S1・S2 2015）・同大学院２学期の授業（EDF5657- Indigenous perspectives in professional practices-S2 2015）において参与観察の機会を得た。また、昨年の９月以降、現在までMonash University Affiliate として関わる中で、モナシュ学習システム（Moodle）へのアクセスの機会を得て、非教授スタッフとして継続的に上記の授業へのアプローチを行っている。次項では、そうした授業における参与観察やモナシュ学習システムへのアクセスをとおして得たデータに基づいて知見を提示したい。

(2) モナシュ大学教育学部の授業（Indigenous perspectives on teaching and learning）にみるアボリジニ主体の教授および研究の組織化

　先住民族アボリジニが主体となる教授の組織化およびアボリジニの主体性を尊重する教員養成の拡充に向けての取り組みについては、先住民族の出自を有し、アファーマティブ・アクションによって昇進したと見られるカディー（Cuddy, J., 仮名）教授によるプレゼンテーションが示唆的である。2011年3月3日に開催された「先住の伝統的な民族の教育—メインストリームの学校教育に焦点を当てて—」（The Education of Indigenous and Traditional Peoples：A focus on mainstream schooling）と題する「先住民族教育セミナー」（Indigenous Education Seminar[15]）の以下の文脈においては、先住民族の教員養成の必要性を示唆するディスコースが見られる。

　　「教育を受けた学生たちは、いつか教壇に立ち、母校に戻って先住民族の生徒を教える日が来るでしょう。それが、私たちの理想です。もしそれが、先住民族言語を教えることができる先住民族の教員であれば、あえて先住民族言語を学ぶ必要はないわけです。そして何よりも先住民族の教員は、彼／女ら自身のコミュニティや生徒から尊敬されるでしょう。そのことが多くの問題を解決することにもつながるのです」。

　上記のカディーの語りは、アボリジニの児童・生徒にとって先住民族の教員の養成がいかに重要であるかを示唆する言説であるといえよう。先住民族教師による先住民族児童・生徒の先住民族言語の教育が先住民族児童・生徒の主体形成につながることは先行する先住民族研究においても明らかにされているが[16]、アトキンソンと同様な主張は、ラ・トローブ大学（La Trobe Uneversity）のヌガーンギ・バゴラ先住民族センター（Ngarngi Bagora Indigenous Student Centre）の先住民族スタッフのケリー（Kelly, C., 仮名）の以下の語りにおいてもみられる[17]。

　　「私のいとこの1人は先住民族生徒が多いとされる地方の学校の校長

をしています。そのため、非先住民族生徒の両親からの先住民族教育に対する反対は少ないと想像できます。先住民族教員の数が多ければ多いほど、先住民族生徒は先住民族教員と共感できる傾向があると推測します。また、先住民族教育も先住民族教師によって行われたほうが、現実味があります（下線部筆者）」。

　彼女は同民族による教育の必要性を「共感」という言葉で結んでいる。
　いずれにせよ、カディーの問題提起は、彼の他大学への転出という状況の変化はあるものの、その教授・学習理念は准教授のマ・リーア（当時上級講師）とアボリジニの上級講師アンダーソン（当時専任講師）に引き継がれ、アンダーソンを主任（Chief Examiner）とするコーディネーター2人を含む5人の講師で構成される教員組織による教授・学習の組織化が展開されることになる。授業は、基本的に1週間で1時間の講義と講義のあとに行われる1時間のチュートリアルな指導で構成される。チュートリアルの指導は5人の講師が交替で担当し、その前の講義にはその後のチュートリアルにコミットする教員および助言者としてアボリジニの博士候補生のアトキンソンが参加し、当事者としてのアボリジニの研究者との連携による授業の取り組みが見られる。ところで、そうした一連の授業で筆者が参与観察を行っていることは前にも述べたが、ブルーバーカー（Nathan Brubaker, N.）がチューターとして担任するチュートリアルのクラスの学生に対して、非教授スタッフとしての筆者は、2015年5月29日、本授業受講後のアボリジニに対する意識の変化を問う半構造的なインタビューを行っている。インタビューに答えた学生からは、授業をポジティブに評価する以下のようなコメントが寄せられ[18]、受講後のアボリジニに対する認識の変化が読み取れよう。

　「学級における教授方法の問題についてより深く考えるようになりました」。
　「学級に先住民族の子どもがいる場合の教育の方法を考えるうえで良い素材を提供してくれました。文献購読や討議、ユーチューブ映像をとおして本コースから多くの事柄を理解できたのは明らかです」。

第3章　マイノリティ教育と学習社会研究の再構築

「先住民族に対するリスペクトの必要に気づきました」。
「この国で何が起こったのか、またアボリジニの人々に対して何が行われたのか、オーストラリアの歴史について一般的な認識が得られました」。
「私は Aboriginal という言葉を初めて知るようになったとき、実際のところ、aboriginal, indigenous と local における概念の違いについて正確に区別することができませんでした。私は（それらが）同じ概念であると思っていたが、こうした言葉にはかなりの違いがあることを知りました」。

また、本単元の学習の成果を問う半構造的なインタビューにおいても、次のように本学習が今後の学級経営に資する点で効果的であるとの意見が示された[19]。

「これまで学校にはアボリジニ児童はいなかったので、アボリジニの歴史や政策、文化全般については関わってきませんでしたが、（アボリジニについて）かなり多くの見識を得ました。……＜中略＞……こうした点で、本当に（授業に臨む）心構えができたと思います」。
「本授業の教科書はかなり役に立つと思います。アボリジニ観や実践方法、識見について多くのことが学べます。……＜中略＞……より深い知識を得るために丸１年間こうした単元の学習をするのはよいかもしれません」。

学生たちによる回答は、既述の「アボリジニおよびトーレス海峡系民族や彼／女等の歴史、文化的アイデンティティ、言語的背景に対して幅広い理解と認識およびリスペクトに努めること[20]」とする授業の単元ガイドの文脈に鑑みて、将来自らが担うであろうアボリジニおよびトーレス海峡系民族の児童・生徒に対する教育にいかに有効であるかを示す証左といえよう。
モナシュ大学教育学部の本単元が意図する方向にアボリジニのアンダーソンを主体とする授業の取り組みを重ね合わせて可視化すれば、図3-1 の

図3-1　モナシュ・モデル─先住民族と非先住民族の民族間の相互理解を促進する双方向型の教授・学習モデル─
（出所）「先住民族教育セミナー」におけるマ・リアのプレゼンテーション（2011年3月3日、於：モナシュ大学教育学部）に基づき筆者が作成。

ような図示が可能であろう。

　モナシュ・モデル「アボリジニと非アボリジニの両者による双方向型の教育」（Both　Education）はマ・リア等の提案によるものであるが、教員養成を軸として、先住民族と非先住民族の両者が問題を共有し、ともに解決するという相互の関係性の構築を目指す試みであるとされる。すなわち、さきにも述べたように先住民族教員と非先住民族教員がチームティーチングをとおして先住民族コミュニティとの連携・協働の仕組みを構築し、そしてそれを基盤にして先住民族理解につなげていくというのである。先住民族と非先住民族の民族間の相互理解を促進することはいうに及ばず、先住民族のリサーチパートナーをも育成していくことを求めていこうとする試みであろう。実際、こうしたプログラムにより、アンダーソンやアトキンソンなどのアボリジニの研究者も育っていったのである。とりわけ、先住民族の研究者と非先住民族の研究者が連携・協働を図りながら協力し、先住民族の研究者を育てるという仕組みの構築や、先住民族を研究主体として尊重する先住民族の研究者（アボリジニの博士候補生を含む）との共同研究の推進および研究成果の共同発表のプロセスを重視するモナシュ大学の取り組みは、今後のマイノリティ教育研究としての先住民族学習研究に多大な示唆を与えることになろう。

4 結

　本稿では、先住民族アボリジニを主体とする教授陣によるアボリジニの担い手養成に取り組むオーストラリアのモナシュ大学における先住民族主体の教員養成システム構築のメカニズムについて考察し、日本における先住民族アイヌ主体の教育支援のプログラム構築の可能性と課題について知見を提示した。

　ウレシパ・プロジェクトやモナシュ・モデルの取り組みの検証をとおして、先住民族との「学び合い」による連携・協働を基盤に先住民族の主体性を尊重し、先住民族のコミュニティの利益に貢献する担い手を養成する先住民族の指導者が必要なことが明らかにされた。札幌大学が提起したウレシパ・プロジェクトは、日本においてアイヌ民族の主体形成を意図した特徴的かつ先進的なプログラムであるが、ウレシパ教育を行う主体が和人であり、教授組織の主体にアイヌ民族が参加していない点から、アイヌ民族自身が主体となるアイヌの担い手を養成する指導者としての研究者の養成にどう取り組んでいくかが課題とされる。

　一方、モナシュ大学においては双方向型の学び合いによる先住民族を主体とした教員養成が展開されている。とりわけ、先住民族の研究者と非先住民族の研究者の連携・協働を視野に入れて、先住民族を研究主体として尊重するアボリジニの研究者（アボリジニの大学院生を含む）との共同研究の推進および研究成果の共同発表のプロセスを重視するモナシュ大学の取り組みは特筆に値しよう。

　今後は、こうしたモナシュ大学の取り組みが全豪レベルで展開されることが喫緊の課題であるが、いずれにせよ、モナシュ・モデルが学習社会研究の在り方を先住民族研究の視点から捉え直す必要性を提起するものとして多大な示唆を与えることは明らかであろう。

《注》

（1）　野元弘幸「序：アイヌ民族・先住民族教育研究の課題と展望」日本社会教育学会編『アイヌ民族・先住民族教育の現在』東洋館出版社、2014年、19

頁
（２）　清水裕二「アイヌ民族大学の創設を求めて」日本社会教育学会編『アイヌ民族・先住民族の教育の現在』東洋館出版社、2014 年、34 頁
（３）　島崎直美「アイヌ民族学びの歴史と課題」日本社会教育学会編『アイヌ民族・先住民族の教育の現在』東洋館出版社、2014 年、74 頁〜75 頁
（４）　「アイヌ民族からの意見・反論・提言①『アイヌ文化の振興並びにアイヌの伝統等に関する知識の普及及び啓発に関する法律』をめぐって」『先住民族の 10 年 News』第 37 号、先住民族の 10 年市民連絡会、1997 年 9 月、5 頁
（５）　「日本学習社会学会の設立趣旨と設立経過」『日本学習社会学会年報』第 1 号、2005 年、94 頁
（６）　小島弘道日本学習社会学会前会長による「10 周年記念事業シンポジウム設定の趣旨説明」より引用。
（７）　本田優子「アイヌの若者たちとウレシパ・プロジェクト」『人権キーワード 2011』2011 年 5 月増刊号（646 号）解放出版社、2011 年、94 頁〜95 頁
（８）　本田優子「ウレシパ・プロジェクトの挑戦―アイヌ民族の若者と多文化共生―」(NPO 現代の理論・社会　フォーラム先住民族研究会　専修大学現代文化研究会　共催）と題する講演内容の記録から（2014 年 11 月 15 日、於：専修大学神田キャンパス 1 号館）。
（９）　参考資料「アイヌ民族に関する法律（北海道ウタリ協会案）」ウタリ問題懇話会『アイヌ民族に関する新法問題について―資料編―』1993 年、3 頁
（10）　同前、3 頁
（11）　本稿で使用される「アボリジニおよびトーレス海峡系民族」(Aboriginal and Torres Strait Islander peoples) は、「アボリジニもしくはトーレス海峡系民族の子孫であり、各々の先住民族としてのアイデンティティを有するとともに、それぞれの先住民族のコミュニティに受け入れられている人びと」である＜ Price, K. (ed.) (2012), Aboriginal and Torres Strait Islander Education: An Introduction for the Teaching Profession, Australia, Cambridge University Press, Cambridge Books Online, http://dx.doi.org/10.1017/CBO9781139519403.013, p.193 ＞。ちなみにトーレス海峡系民族は、「アボリジニとは異なる言語的文化的アイデンティティを有する」とされる（Pauwels, Anne (1991), *Non-discriminating Language*, Australian Government Publishing Service (AGPS), p.26.）。
（12）　Faculty of Education, Monash University 2014 Conference, Celebrating 50 Years, 31 October 2014, Park Hyatt Hotel, Merbourne への招待参加における講演内容の記録から。

(13) モナシュ大学先住民族諮問委員会（Monash University Indigenous Advisory Council, IAC）への参加時に配付された内部資料から（2015年5月14日14時開催、於：Faculty of Education, Monash University, Clayton Campus）。
(14) Faculty of Education, Monash University, EDF2031, Indigenous perspectives on teaching and learning, Unit guide, Semester 1, 2015, pp.2-7.
(15) 「先住民族教育セミナー」におけるカディーのプレゼンテーションから（2011年3月3日、於：Faculty of Education, Monash University, Clayton Campus）。
(16) たとえば、拙著「オーストラリアの先住民族コミュニティの担い手養成における社会教育的課題」日本社会教育学会編『日本の社会教育』第58集、東洋館出版社、2014年、208頁〜222頁を参照されたい。
(17) 2010年8月24日にヌガーンギ・バゴラ先住民族センターの先住民族スタッフであるケリーに行った自由な語りを中心とする半構造的インタビューから（2010年8月24日、於：ヌガーンギ・バゴラ先住民族センター）インタビューイーの名前は仮名とする。なお、インタビューは、同大学の岡野かおり教授同席の下で約1時間行った。ICレコーダーで録音することと、録音した記録についてはプライバシーに十分配慮したうえで論文執筆に用いる予定があることについて許可を得た。ここでいうヌガーンギ・バゴラ先住民族センターとは、インタビューイーのケリーが名づけたこの地域のアボリジニの土着言語で「学び舎」という意味である。この名前が選択された背景には、コミュニティと学生たちの結びつきを強化しようという意図が込められている。
(18) ブルーバーカーのチュートリアル・クラスで参与観察に取り組む筆者が行った半構造的インタビュー（2015年5月29日11時〜12時、於：Faculty of Education, Monash University, Peninsula Campus A4/16教室）。
(19) 同前。
(20) Faculty of Education, op. cit., p.2.

2. 学習社会研究の諸相

第4章 「生き方」と学習の関係
学習社会論の観点から

新井　郁男（星槎大学）

1　フォール報告への注目

　いま、学校は「新しい学力観への転換」「国際的資質の涵養」「アクティブ・ラーニング」などのキーワードが象徴的に示すように、大きな転換を迫られているが、基本的には人間としての生き方の転換が迫られているといってよいであろう。では、どのように転換すべきか。筆者はこれまで学習社会論の観点から考えてきた。学習社会論には種々あるが、特に注目したのは、R．M．ハッチンズの The Learning Society（1968）、ユネスコのフォール報告=Learning To Be（1972）、米国のカーネギー高等教育委員会の報告Toward a Learning Society : Alternative Channels to Life, Work and Service（1972）であった。わが国で学習社会という考え方が公的に提起されたのは、1979年に中央教育審議会が発表した「生涯教育に関する小委員会報告」、1981年の最終答申『生涯教育について』である。

　これらについては、筆者が編集・解説を行った『ラーニング・ソサエティ』（現代のエスプリNo.146、1979年）に他の関連の資料などとともに邦訳等を掲載し解説を行い、また、拙著『学習社会論』（第一法規出版、1982年）において考察しているところで、詳述はしないが、ハッチンズが提起した「学習社会」は余暇社会の到来を前提にした教養主義の論であり、カーネギー高等教育委員会の報告は、家族生活、職業とならんでボランティア活動を

も視点にいれた提起である。また、中教審答申は、日本の学歴偏重を改め、学んだことを正当に評価する社会として学習社会を捉えている。このように学習社会の捉え方は一様ではないが、「人間としての生き方」という点からは、筆者はフォール報告のタイトルになっている Learning To Be を基本として考えてきた。しかし、報告書においてはこのタイトルの意味が明確にはなっていない。報告書は国立教育研究所（現国立教育政策研究所）において、ユネスコからコメントを求められたことから所内で検討会が行われ、邦訳が行われたが、To Be の意味は捉えきれず、邦訳は『未来の学習』となった。九州大学後ユネスコにも勤務したことのある平塚益徳所長からは、適訳を提出したものには賞金を出すといった提起があったが、結局は提出はなく、『未来の学習』になったという経緯がある。検討会と邦訳の一員であった筆者も邦訳の段階では明確に捉えてはいなかったが、注目したのは、報告書に出てくる complete man という概念とエーリッヒ・フロム（Erich Fromm, 1900～1980）の著 To Have or To Be であった。この著は1976年刊でフォール報告よりあとに出版されているが、フロムの言葉は報告書にも引用されていることからその思想はこの著にも敷衍されていると考えて注目したのである。邦訳が『生きること』（佐野哲郎訳、紀伊國屋書店、1977）となっているように、生きるということは、まさに、To Have と To Be という2つの生き方（存在様式）のどちらかを選択する過程であるが、フォール報告は To Be を選択すべきだということを提唱していると考えられる。

2　フロムの捉える To Be

フロムについては、『自由からの逃走』に始まり、そのほとんどの著書が邦訳され、広く読まれており高く評価されているところであるが、『生きるということ』についての評価は他の著書に較べると揺れているところがあるように思われえる。たとえば、安田一郎は『生きるということ』が出て4年後、フロムが死去した1980年に『フロム』と題する著を出しているが、『生きるということ』については解説のなかにも年譜のなかにも取り上げられていないのである。また、ゲルハルト・P・ナップはフロム

の評伝において、次のように述べている。

　「熱烈な支持者たちさえ『生きるということ』の出版にはある種の狼狽を覚えた。フロムの鋭い社会分析は、彼が大声で述べている解決と簡単に調和するはずがなかった。……同様に問題は、この本の基本的前提である。(いろんな性格の構えをあつかっている) 社会心理学の理論を、倫理主義に結びつけているからだ。その倫理主義は、持つことは『悪く』、在ることは『良い』という公式に要約される。」(滝沢正樹・木下一哉訳『評伝エーリッヒ・フロム』新評論、1994年、263頁〜264頁)

　このナップの評が示すように、フロムの To Have or To Be には異論もあるが、筆者としては、To Be の意味を考える重要な視点を提起しているものとして注目してきたのである。フロムは、この著で人間や社会の存在様式を the Having Mode と the Being Mode に分類し、前者から後者への価値観の転換を提言しているのである。フロムはイギリス19世紀の詩人テニソンの詩と芭蕉の俳句を対比したり、いくつかの日常的体験を引き合いに出して説明している。
　テニソンの詩は、

　　ひび割れた壁に咲く花よ　私はお前を割れ目から摘み取る
　　私はお前をこのように、根ごと手に摘み取る
　　小さな花よ—もしも私に理解できたなら
　　お前が何であるのか、根ばかりでなく、お前の全てを—
　　その時私は神が何か、人間が何かを知るだろう

というものであり、芭蕉の俳句は、

　　よく見れば、なずな花咲く、垣根かな

である。テニソンの詩は、「持つ様式」、芭蕉の俳句は「ある様式」を象徴するものとして提示しているのである。詳しいことは割愛するが、フロム

第4章　「生き方」と学習の関係

は「持つ様式」を否定し、「ある様式」を提言しているのである。しかし、物を所有すること自体を否定しているわけではないであろう。筆者がかつて教員を対象にした研修会でこれに関したことを話したところ、聴衆の一人から「持つ」ことを否定されたのでは困るといった感想が出されたが、フロムは物の所有自体を否定しているのではない。「持つ様式」というのは、何のためかを考えもせずに、財産、知識、社会的地位、権力などを所有することに執着する生き方であり、「ある様式」というのは、自己の能力を善のために能動的に発揮し、生きることの喜びを確信できるような生き方であるが、「持つ」こと自体を否定しているのではない。高度に産業化された現代社会では、「持つ様式」が自明の大前提とされ、「ある様式」を凌駕してしまっているところに問題があることをフロムは指摘しているのである。

フロムに指摘されるまでもなく、現代産業社会では、持っている物を存在の証とすることを当然のことと考えている。われわれは財産の多寡、社会的地位の高低、修得した知識の多少、学歴のレベルなどによって人間を評価している。単に人間だけでなく国についても「持てる国」（have country）と「持たざる国」（have not country）に分類している。

「持てる国」は「持たざる国」に物を与え、そのことによって各国の持つ物が平準化されることが平和への道であると考えられてきている。

それに対して、「ある」というのは、物にこだわらずに、物に制約されず、絶えず成長することである。これは固定した型や態度ではなく、流動する過程である。これを倫理主義として批判する者は少なくないかもしれないが、問題はそれを批判しようとするその心のなかにあるというべきではないかと思っている。つまり、「ある様式」という生き方の次元にたって考えることができない精神的な構造のなかに問題があるのではないかと思っている。

フロムは私的所有を否定しているわけではない。彼は *To Have or To Be* が出版された翌年の1977年に、オーストラリアの社会学者アデルパート・ライフとのインタビューにおいて、「所有の現実的分配が問題なのではなくて、持つことと『ある』ことに対する一般的な意識の変化が問題なのだ」と答えているという（前掲書、265頁）。

筆者は、この問題に関しては、「学校教育の価値を考える―持つ文化と在る文化―」というテーマのもとに『教育展望』（教育調査研究所刊）で以下の論文を連載している。

- 「持つ」べきか「在る」べきか―エーリッヒ・フロムの思想を考える（1995・2月、4頁〜15頁）
- 「分断された人間」から「完全なる人間」へ―フォール報告の人間観を考える（1995・3月、40頁〜49頁）
- 「生きがい」について（1995・4月、40頁〜49頁）
- 「持つゆとり」から「在るゆとり」へ―ピーパーの余暇観を考える（1995・5月、36頁〜45頁）

　そこで書いたことは割愛するが、これまで特に言及していなかったことについて述べておきたいと思う。それは1996年にユネスコの21世紀教育国際委員会（The International Commission on Education for the Twenty-first Century）が発表した Learning: The Treasure Within と題する報告書、通称ドロール報告についてである。この報告書では、教育の4つの柱（the four pillars of education）として、

- Learning to know
- Learning to do
- Learning to live together, learning to live with others
- Learning to be

という4点を提示しているが、最後に述べておきたいことは、最後の柱 Learning to be に関わる報告書の副題 The Treasure Within である。邦訳（天城勲監訳、ぎょうせい、1997年）では、「秘められた宝」とされているが、本意は「秘められた」ではなく、学習の結果として体内に「ある」ものということであろう。
　この副題について委員長ドロール（Jacques Delors）は、報告書において、ラ・フォンテーヌ（La Fontaine）の寓話の1つ『農夫とその子供たち』に

依拠したと述べている。

　寓話というのは、死に臨んで農夫が子どもたちに、祖先は宝を残してくれているが、畑に秘められている。どの辺にあるかわからないが見つけても決して売ってはいけないと告げる。子どもたちは父親の死後、その宝を探し回るが見つからない。しかし、畑を掘って探しまわったおかげで豊作となる。子どもたちは宝を持つことはできなかったが、豊かな畑が「ある」という結果がうまれたというわけである。敷衍して解釈するなら、父親は宝を持つことではなく、それを探し回ることによって子どもたちの体内に培われた、すなわち、体内に「ある」働く意欲が生まれることを期待していたのではないかと思われる。報告書のメインタイトルであるLearning＝学習の意義は、本を読み漁ることによって学習への意欲が喚起されることだということであろう。宝は畑のなかに秘められているのではなく、体内に「ある」ということである。

　なお、以上の論述において、Beを「在る」と表現したり「ある」と表現したりして一致していないが、これはフロムのTo Have or To Beの訳者である佐野氏が漢字ではなく「ある」と書くべきだと述べておられるので本論においてはそれに従って書いた次第である。

第5章 学習社会における言語と教育
学社連携による先住少数民族の言語・文化復興の取り組みと課題

岩﨑　正吾（早稲田大学）

1　はじめに

　学習社会（The Learning Society）とは、ロバート・ハッチンズにより提起された概念で、真に人間的になるために学習に価値を置く社会が学習社会であり、そのように価値の転換に成功した社会こそが学習社会であるとされる[1]。この用語は、1971年のユネスコ「教育開発国際委員会」報告書"Learning to Be"（フォール・レポートと通称される）のなかに、学習社会の概念が用いられたことにより普及していった。フォール・レポートは、学習社会の根底に生涯教育があるとし、学習を通じて市民の自己発達を支える社会の実現を目指している。人間になるための学びは、生涯にわたって自己を人間的に高めていくための学習と連動しており、それは言語の問題と深く関わってくる。とりわけ、支配言語と異なる言語を母語とするマイノリティの人々（少数民族、移民や移住労働者とその子ども、先住民族など）にとって、人間的になるための学びは支配言語の強制と母語喪失という現実の狭間で揺れ動いている。
　近年、社会言語学の分野では、言語権（Linguistic Rights, Language Rights, Rights to Language）が人権論として議論されるようになった。とりわけ、人間として生きていくうえで最も必要な権利が言語的人権（Linguistic Human Rights）であり、それには、母語へのアイデンティティ、母語へのアクセス、公用語へのアクセス、支配言語の非強制、母語教育への権利が含まれている[2]。これらの権利のうち、①公教育における母語

による学習と母語学習の権利、②公用語（国家語またはそれに該当する言語）学習の権利、③教育機関の設置と教育課程の編成権は、教育分野における言語的人権の中核として位置付けることができる。スクトナブ＝カンガスは「教育における言語権こそ最も重要な言語的人権だといいたい」[3]とし、1990年代に至るまでに成立した国際的な宣言や条約が、人種、性、宗教などの人間の特性は人権と結びつけられ、国家の義務を明瞭に規定しているのに対して、言語および教育における言語権に関する条項は曖昧な表現で扱われ、抜け道的な条項に満ち、事実上無意味に等しいとさえ述べている[4]。

　教育にとってとりわけ言語の問題が重要なのは、文化の伝達が教育であるならば、教育は伝達手段としての何らかの言語を必要とするだけでなく、言語は文化そのものであり、言語の習得自体が文化の継承（伝達）、即ち、教育そのものだからである。言語とは、第一義的にはいうまでもなく母語ないし第一言語を意味する[5]。人間の精神形成における母語の重要性については、レオ・ヴァイスゲルバーの「精神の中間世界」の理論やエル・エス・ヴィゴツキーの「高次精神機能の被媒介性」の理論などが証明している。前者は、「すべての母語は精神的世界形成の中心点である」[6]と述べ、言語は客観的世界と人間との間に介在して独自の世界を創出することを強調している。また、後者は、人間精神の歴史的・文化的発達の独自性をふまえて、「記号は、人間自身の支配に向けられた内的活動の手段」[7]であるとし、言語の獲得を通して人間の高次精神は機能することを示している。

　本論考は、こうした学習社会における人間になるための学びとしての言語と教育の重要性に焦点をあて、ロシアの先住少数民族に対する言語・文化復興の取り組みを学社連携の視点から明らかにし、その課題を探ろうとするものである。ロシアにおける先住少数民族は、2011年の統一リストによれば、47民族が数えられているが、ここでは、2013年〜2015年にかけて調査したシベリア・極東の先住少数民族居住地のうち、クラスノヤルスク地方の旧エヴェンク自治管区[8]に絞って論じることにしたい。

2 クラスノヤルスク地方におけるエヴェンク人の母語認知・使用状況

　クラスノヤルスク地方の全人口は、表5-1にあるように282万8,187人（2010年）であり、当該地方ではエヴェンク、ケート、ドルガン、ヌガナサン、ネネツ、セリクープ、エーネツ、チュリメツの8つの先住少数民族が認定されている。旧エヴェンク自治管区を抱え、エヴェンク人が多い（4,372人）が、旧タイムィール（ドルガン＝ネネツ）自治管区を抱えていた関係で、ドルガン人とネネツ人もその他の先住少数民族と比べて多く住んでいる。

　表5-2 は、クラスノヤルスク地方エヴェンク人の母語・国家語の認知数と使用数（率）を示したものである。母語の認知と使用のいずれの場合にも連邦国家語（支配言語）としてのロシア語が圧倒的に優勢である。

　エヴェンク人でありながら、ロシア語を母語として認知している割合が57.6%であるのに対して、エヴェンク語の母語認知率は41.3%と低くなっている。言語使用率ではさらに大きな開きができている。これを、エヴェンク自治管区が構成主体として存続していた2002年の統計（表5-3）と比較してみれば、母語使用率がここ7～8年の間に14.4%減少している。こ

表5-1　クラスノヤルスク地方先住少数民族の人口構成[9]

民族　　　　年	2002年（%）	2010年（%）
ロシア（参考）	2,638,281（88.9）	2,490,730（88.1）
エヴェンク	4,632（0.16）	4,372（0.15）
ケート	1,189（0.04）	957（0.03）
ドルガン	5,805（0.20）	5,810（0.21）
ヌガナサン	811（0.03）	807（0.03）
ネネツ	3,188（0.11）	3,633（0.13）
セリクープ	412（0.01）	281（0.01）
エーネツ	213（0.01）	221（0.01）
チュリメツ	159（0.01）	145（0.01）
全人口	2,966,042（100）	2,828,187（100）

表5-2 エヴェンク人の母語・国家語の認知数・使用数（率）2010年[10]

民族	人口	母語認知総数（上） 言語使用総数（下）	ロシア語母語認知（上） ロシア語使用（下）	エヴェンク語母語認知（上） エヴェンク語使用（下）
エヴェンク	4,372	4,368	2,517（57.6％）	1,804（41.3％）
		4,350	4,337（99.7％）	1,695（39.0％）

表5-3 旧エヴェンク自治管区エヴェンク人の母語・国家語使用数（率）2002年[11]

民族	人口	ロシア語使用	母語使用
エヴェンク	3,802	3,771（99.2％）	2,029（53.4％）

うした傾向は、クラスノヤルスク地方におけるその他の先住少数民族だけでなく、サハ共和国などその他の構成主体でも普通にみられる現象である。

3　エヴェンク地区における学校教育の課題

　クラスノヤルスク地方エヴェンク地区教育局での聞き取り調査によれば[12]、エヴェンク地区はクラスノヤルスク地方の約32％の土地を占めている。中心都市トゥラー町の人口は約6,500人、そのうちエヴェンク人は約800人である。クラスノヤルスク地方の約30万人の生徒総数のうち、約3,000人前後が先住少数民族の生徒である。

　図5-1 は、エヴェンク地区の学校の所在地を示したものである。2013年の統計によれば、全部で22校あり、全生徒数2,350人のうち、41％（964人）が先住民族の子どもである。また、22校の77％にあたる17校が、アクセス困難な場所にあり、飛行機でしか行けない。これらの学校の平均生徒数は30人で、アクセス困難な学校の50％が初等学校である。ただし、ここから467キロ北方にあるエッセ

写真5-1　ミニ幼稚園「アヤカン」

図5-1　エヴェンク地区の学校配置図 [13]
■初等学校▲基礎学校●中等学校。数字は中心都市トゥラー、バイキート、ヴァナヴァーラからの距離を表す

イの学校の生徒数は、例外的に150人と多い。学校の他に、学習相談センターがあり、ここの生徒と学校の生徒を合わせて194人の生徒が学んでいる。説明によると、2020年までの教育発展の優先事項は、ロシア教育の現代化という条件の下で、先住少数民族の言語と文化の発展要因としての伝統的な生活様式の維持を考慮し、生徒の居住地にかかわらず、質の高い普通教

育を受けさせるための条件を整備することであるという。そのため、学校の教科課程のなかに、伝統的な生業活動に向けて生徒を準備するいくつかの教科が導入された。

　2011年から取り組まれている先住少数民族の半移動幼稚園の教育プロジェクトについて、次の3つの目標が掲げられている。①短期居住および半移動を行うタイガ地域に幼稚園を創設すること、②スリンダ幼稚園「チプカン」を拠点として、半移動ミニ幼稚園「アヤカン」を実験的に2011年に創設すること、③エッセイ地区に子ども民族エコロジー施設（仮小屋）を設置することである。写真5-1は、スリンダ地区トナカイ畜産の4歳グループの母語の個別教授を行う半移動タイプのミニ幼稚園「アヤカン」である。「アヤカン」とは、エヴェンク語で「かわいい」（ロシア語でхорошенько）という意味である。

4　トゥラー寄宿制初等中等普通教育学校における母語・母文化教育

　トゥラーには3つの初等中等普通教育学校があるが、訪問したトゥラー寄宿制初等中等普通教育学校はその1つである。第1～第11学年生が通い、第5学年以上で地方から来ている生徒たちは寄宿舎に入る。これらの生徒数は2013年現在76人である。生徒はニーデム、ユクタ、エコンダ、チリンダといった僻地から来ている。初等段階で寄宿舎に入っているのは4人のみであり、この年齢の生徒は基本的には家庭から通わせることが原則とされている。全生徒数は年平均約240人（現在は237人）、そのほとんどがエヴェンク人である。もちろんわずかだが、ロシア人やサハ人の生徒もいる。ロシア人といってはいるが、先住民族の血が混じっているという。教員数は26人（教員だけ）、その他、9人の管理職関係、9人の養育者がおり、社会教育士や学校心理士が配置されている。この学校の特色は、エヴェンク語と伝統文化の教育に力を入れていることであり、この学校の生徒たちは民芸品の創作に優れているという[14]。

　外国語は英語を教えている。子どもたちはロシア連邦のエヴェンク人としての誇りをもつように教育され、第9学年を卒業した後の進路は、約

50％が第10・11学年に進み、約50％が職業カレッジや職業学校に進む。第11学年を卒業した後は、サンクト・ペテルブルク大学やサンクト・ペテルブルク教育大学、ヤクーツクの北東連邦大学、ブリヤート共和国のウラン・ウデの大学、ウラジオストクの極東連邦大学、クラスノヤルスク市のシベリア連邦大学などに進学する。トゥラーには医学カレッジと専門リセがあり、そこに進学する生徒もいる。サンクト・ペテルブルク教育大学にはエヴェンク語の教師になるために入学する。

　エヴェンク語の教科書は、当該地区で長年エヴェンク語の指導にあたっているズィナイーダ・ピクノワ先生が作成した教科書を使用し、授業は彼女の作成した基本プログラムに基づいて行われている。副教材として、エヴェンク人がエヴェンク語で書いた文学作品や詩も使用される。家庭におけるエヴェンク語の使用はかなり複雑になっているという。教科書はすでにエヴェンク語を話せる生徒用のものだが、最近はエヴェンク語を話さない家庭の生徒が増えており、対応を工夫している。エヴェンク人夫婦の家庭でもロシア語だけを話す家庭もあり、ロシア人との混血でエヴェンク語を全く話さない家庭もあるからである。

　学校カリキュラムによれば、第1～第9学年ではエヴェンク語は週2時間の必修であり、第10・11学年では選択科目として週1時間学習することになっている。第10・11学年では第9学年までに学んだことを復習させることにより、確実に話せるように強化することが重視されている。第9学年からは、エヴェンク文学だけでなく、異なった北方民族の文学も学習させる。以前は週3時間だったが、2時間に減らされたので、時間としては充分とはいえなくなったという。必修教科としての時間以外に、選択科目、課外活動および補充教育において、伝統的な生活や言語・文化に関する学習が行われている。

5　エヴェンク地区の補充教育機関における母語・母文化教育

　補充教育機関（日本でいう社会教育機関）は、学校と連携を図りながらも、学校教育システムとは独立した教育機関としてソ連時代から発展してきた。

ソ連邦が解体して以降、新生ロシア連邦となってから、経済的・政治的混乱のために閉鎖されるところもみられたが、1998年のリーマンショックを乗り越えた後ぐらいから、徐々に復活してきている。補充教育（ソ連時代は校外教育）とは、新ロシア連邦教育法（2012年採択）第2条によれば、「知的、精神的・道徳的、身体的及び（又は）職業的向上における人間の教育要求を全面的に充足することに向けられた教育の種類」[15]のことである。

　補充教育機関は、ソ連時代には校外教育機関として、ピオネール宮殿やピオネールの家などと呼ばれていた。しかし、文化、科学、芸術、スポーツなど、多彩なサークル活動、部活動およびセクション活動などが行われ、それぞれ専門的な教師がついて、生徒の興味・関心や個性を伸ばす教育が行われているという意味で、現在もその活動内容に大きな変化はない。補充教育機関には次の8種類がある[16]。①すべての形態の教育活動を実施する補充教育機関（創造宮殿や創造の家など）、②美術、舞踊、音楽などを内容とする芸術関係の補充教育機関、③エコロジーや生物関係の補充教育機関、④ツーリストや郷土探求関係の補充教育機関、⑤青少年技術者ステーションなど、技術・工学関係の補充教育機関、⑥スポーツ関係の補充教育機関、⑦安全生活や防衛関係の補充教育機関、⑧その他の補充教育機関、である。

　教育・科学省管轄のものが多いが、スポーツ関係のものはスポーツ省、音楽・舞踊関係のものは文化省管轄となっている。2012年の統計によれば、これらの補充教育機関の総数は16,301機関、利用者生徒数は延べ1,120万1,000人で、全生徒数（1,371万3,000人）に占める利用者の割合は約82％となる。しかし、聞き取り調査（2014年10月29日、ハバロフスク市児童美育センターにて、館長アレクセイ・ニキーチン）によれば、現在、ロシアの補充教育機関への平均収容率は52％で、2020年までにすべての子どもの75％を収容するようプーチン大統領の指示が出たという。

　すでに見てきたように、先住少数民族学校や学級においては、他の普通の学校と同様に共通プログラムの履修があり、学校コンポーネントを利用した先住少数民族の言語や文化の授業にはどうしても時間的限界がある。ましてや伝統的民族スポーツや民族舞踊の習得までには手が回らないといった現実がある。こうした時間や機会の不十分さを補うものとして補充

教育機関の役割が期待されている。

　エヴェンク地区には3つの補充教育機関が設置されている。トゥラー町にある「トゥラー児童創造の家」、バイキート町にある「バイキート児童創造センター」およびヴァナヴァーラ町にある「児童・青少年スポーツ学校」（バイキートにはその支部が2つある）である。訪問した「トゥラー児童創造の家」は、上記補充教育機関の種類うち、①すべての形態の教育活動を実施する補充教育機関のタイプのものである。ソ連時代から活動していたが、1992年に「青少年技術者ステーション」と「ピオネール・生徒の家」を統合して、現在の形になったという[17]。

　生徒たちは、母語・母文学、フォークロア、民芸品、伝統刺繍、伝統的な歌や詩、伝統スポーツやゲームなどのコースで、生徒自身の興味や関心に応じて様々な活動に参加する。たとえば、「愉快な細工」（藁、ビーズ、花、木などの材料を使った伝統的な小物や装飾品の制作）、「魔法の糸」（民族刺繍の制作）、「ボログダ・レース」（レース編みの制作）、「木材芸術加工」（旋盤や測定器具などの使用）、「木工デザイン」「コンピュータ・技術」「芸術壁画」「巧みな手」（繊維素材を用いた制作）、「人形劇場」「髪－女の美」（美容師のイロハ）、「オルゴール」（民族の音楽や楽器の演奏）などのサークルがある。

　既述のように、正規の授業だけでは母語や母文化、伝統的な民芸品や伝統スポーツなどの時間が充分に取れないので、それらを補充する役割を果たすとともに、学校カリキュラムにはない深化した専門的な活動も展開される。補充教育機関における教育活動は「補充教育」と呼ばれてはいるが、各サークルやセクションには学校の教員に勝るとも劣らない専門的な指導員が配置され、活発な活動を展開している[18]。利用は原則無償である。

6　おわりに

　学習社会における人間になるための学びが母語や母文化と深く関係していることに注目して、クラスノヤルスク地方の学社連携による先住少数民族の言語・文化復興の取り組みについてみてきた。統計的現実は楽観的予測を許さない事態にある。しかし、それにもかかわらず、自己を育み、豊かな精神世界を形成する母語・母文化復興の取り組みが行われている。学

習社会の実現になくてはならない取り組みである。こうした取り組みが抱えている課題について、以下のことが指摘できるであろう。

すなわち、第1に、家族の協力の重要性である。家庭は親と子どもの共同生活の場であり、伝統的な環境（類似環境）のなかで人間形成が行われるからである。第2に、現地の共同社会の存在である。そこでは伝統的な経済活動や文化的伝統が保持されており、トナカイ畜産に根ざした生活の質の改善も必要となっている。第3に、専門（学校）共同体の果たす役割の重要性である。学校は就学準備や普通教育の質の向上という側面からその役割を遂行するが、それは母語を話し、先住少数民族の文化や生活を理解できる新世代の教師の養成にかかっている。そして第4に、国家の役割である。国家は、高等教育に至るまでの教育のアクセス性の権利を保障し、言語的・文化的多様性の維持に関する国際的および国内的義務を実現するうえで重要な役割を果たさなければならない。

以上の課題の解決に向かう努力が実を結ぶとき、エヴェンク人を始めとする世界の先住少数民族の言語・文化復興は、その兆しを確実なものとするのではないだろうか。

《注》
（1）　R．ハッチンズ（新井郁男訳）「ラーニング・ソサエティ」『現代のエスプリ No.146)』至文堂、1979年、22～33頁を参照。
（2）　Tove Skutnabb-Kangas, *Linguistic Genocide in Education-or Worldwide Diversity and Human Rights?* Lawrence Erlbaum Associates, 2000, p.498.
（3）　トーヴェ・スクトナブ＝カンガス（木村護郎編訳）「言語権の現在、言語抹殺に抗して」『言語帝国主義とは何か』（三浦信孝、糟谷啓介編）藤原書店、2000年、297頁
（4）　同上、298～300頁
（5）　母語とは起源、帰属意識、能力および機能の4つの指標のうち1つ以上を満たす言語であるとされる。即ち、①最初に学んだ言語、②帰属意識を感じ、他人からも母語話者として認められている言語、③最もよく知っている言語、④最もよく使う言語である。第一言語とは、③の能力の面に着目した、最も得意で自己表現のできる言語のことである。
（6）　レオ・ヴァイスゲルバー（福田幸夫訳）『母語の言語学』三元社、1994年、

50～51 頁

（7） ヴィゴツキー（柴田義松訳）『精神発達の理論』明治図書、1970 年、130 頁。

（8） 旧エヴェンク自治管区と旧タイムィール（ドルガン＝ネネツ）自治管区は、住民投票により 2007 年にクラスノヤルスク地方に統合され、現在はクラスノヤルスク地方の地方自治体となっている。

（9） Федеральная служба государственной статистики, Итоги всероссийской переписи насерения 2010 года в том 11 томах, том 4, Национальный состав и влажение языками, гражданство, Книга 1 , Москва,〈Статистика России〉, 2012г. より作成。

（10） Там же.

（11） Федеральная служба государственной статистики, Итоги всероссийской переписи насерения 2002 года в том 14 томах, Том 4, Национальный состав и влажение языками, гражданство, Книга 1 , Москва,〈Статистика России〉, 2004г. より作成。

（12） 2013 年 5 月 30 日、クラスノヤルスク地方エヴェンク地区教育局での聞き取り調査。対応は、オーリガ・シャポヴァーロワ（教育長）およびステパーニダ・チャポギール（民族教育センター長）など数名。訪問時間 10：00 ～ 12：30。

（13） クラスノヤルスク地方エヴェンク地区教育局で入手した資料による。

（14） 2013 年 5 月 30 日、トゥラー寄宿制初等中等教育学校での聞き取り調査による。対応は、ヴェーラ・エリョーミナ校長、副校長、エヴェンク語・文学の教師 4 人、他。訪問時間 14:50 ～ 16:00。

（15） Новый закон "Об образовании в Российской Федерации", ЭКСМО, Москаa, 2913г., стр.5.

（16） Федеральная служба государственной статистики, Российский статистический ежегодник, Москва, 2013г., стр.205.

（17） 2013 年 5 月 29 日、トゥラー児童創造の家での聞き取り調査による。対応は、プレスカーチ・エヴドーキヤ館長の他、指導者・教員数名。訪問時間 16:00 ～ 17:30。

（18） 新生ロシア連邦の補充教育機関の活動の改善に中心的役割を果たしている連邦教育発展研究所のア・ゲ・アスモーロフ所長は、「補充教育機関」という名称は、その役割と課題から適切ではなく、「個性発達センター」という名前に替えたいと言っていた（2015 年 9 月 10 日、連邦教育発展研究所での聞き取り調査による。訪問時間 11:00 ～ 13:00）。

第6章 コミュニティ・スクールの多様化の実態分析
学校運営協議会設置規則の分析を通して

佐藤　晴雄（日本大学）

　本稿は、コミュニティ・スクールの設置根拠となる学校運営協議会設置規則の分析を通して、学校運営協議会の権限と委員構成等に焦点をあてて、その全国的傾向と地域特性を明らかにするものである。コミュニティ・スクールは今後の学習社会の一役を任う有力な仕組みになると考えられるからである。

　学校運営協議会は地教行法第四七条の五に基づいて、「教育委員会規則で定めるところにより」教育委員会によって設置される。その規則は規程内容が異なるばかりでなく、法に基づくはずの権限（「役割」と言い換えてもよいが、ここでは「権限」と記す）規程を欠くなど多様性を見せている。学校運営協議会設置規則はコミュニティ・スクールに対する教育委員会の認識の表れであり、地域性を反映している表現形式の1つなのである。

　ちなみに、学校評議員の場合には各教育委員会の学校管理規則で一条文程度の画一的な規程が明示されるに止まるため分析対象にならない。しかし、学校運営協議会に関しては、単独の規則として、各自治体によって多様な規程が盛り込まれているので十分に分析対象となり得る[1]。

　ここでは、①学校運営協議会の設置目的、②学校運営協議会の権限（「承認」、校長・教委に対する「意見」「任用」）、③学校運営協議会の委員の3点に絞って、その実態を明らかにしつつその特徴を探っていくことにしよう。特に、これらの点には地域性とコミュニティ・スクールに対する意義付けや認識が強く反映されているからである。

　なお、以下においては、地方別の傾向を％で表してはいるが、元々の度数が少ないため、統計的には有意な数値とはいえないが、その数値は地方

の特徴をある程度表すことができると考え、あえて取り上げることとした。

1　学校運営協議会の設置目的

　筆者は本研究を進めるにあたり、全国の教育委員会のうちコミュニティ・スクールを導入している教育委員会の学校運営協議会設置規則を以下の方法により収集し、それら設置規則で定められている学校運営協議会の設置目的規程と権限関係規程並びに委員関係規程の内容分析を試みた。

1）規則収集方法　各自治体ホームページ上の「例規集」からのダウンロードにより収集した。未掲載のところには電話で規則の送付を求めた。
2）収集時期　2013年9月中旬～10月中旬
　　　　　　※改正があった場合はこの時点による。
3）対象自治体数と収集数　対象157団体、収集数157件（収集率100％）※1市のみ未制定のため収集対象に含めていない。

　コミュニティ・スクール導入教育委員会は教育委員会規則として学校運営協議会設置規則等を制定するものと定められている。そこで、本稿では収集した157件の設置規則の分析から学校運営協議会の設置目的、権限・役割（以下、「権限等」と略す。また、アクターとの関係づけから「マター」と記すこともある）、そして委員（「アクター」）に関する実態と地域特性を描いてみることにした。
　それら学校運営協議会設置規則には「協議会の目的」が条文化されている。その目的は多様だが、ある程度の地域的傾向がみられるものの、隣接自治体であっても異なる文言で表現され、主体（以下、「アクター」）および活動内容（以下、「アクション」）とともに目的（以下、「ゴール」）という構造で示されている。現在、大館市のみ明確な目的が記されておらず、また「目的」としてではなく、「指定条件」の形で目的と解される文言が明記されているケースもあるので、「目的」の明記が無い場合に限って「指定条件」を目的とみなすことができる。

以下に、目的条文の例を条文と構造図解で示しておこう。

「三鷹市教育委員会は、<u>保護者・地域住民が</u>①<u>その地域の三鷹市立公立学校運営に積極的に参画することにより</u>②、<u>地域住民の意向を学校運営に的確に反映し</u>③-1<u>一層地域に開かれた信頼される学校づくりを実現する</u>③-2ため、当該学校の運営に関して<u>協議する機関として</u>④、学校運営協議会を設置することができる」。(三鷹市公立学校における学校運営協議会に関する規則)

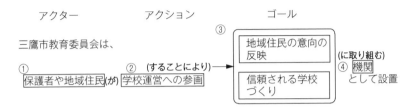

ここでは、①「保護者や地域住民」をアクターとし、②「学校運営に積極的に参画すること」をアクションに位置付け、そして、③「地域住民の意向の反映」と「信頼される学校づくり」をゴールとしている。④は学校運営協議会の概念が「協議機関」であることを示している。アクションとは、学校運営協議会の活動を指すものとする。

このほかにもいくつかのタイプが存在するが、三鷹市の例は典型的だと言ってよい。

2　学校運営協議会権限等の位置付け

(1)　規則における学校運営協議会のマター

各自治体の教育委員会規則はいずれも地教行法に基づく制度として学校運営協議会を位置付けているが、法が定める3権限に関する規程内容および自治体独自に定めた権限や役割に注目すると、自治体によって様々であることがわかる。ここでは、それら権限や役割を学校運営協議会のマターと呼ぶことにする。

表6-1は、各自治体の教育委員会規則において、学校運営協議会の権限として各規程「有り」の割合を地方別と「全体」で示している。表中の数値をみると、右欄の「全体」では「承認」97.5％、「意見」94.9％、「任

表6-1　学校運営協議会の法定権限の規定率―地方別―

地方名	1北海道・東北	2関東	3中部	4近畿	5中国	6四国	7九州・沖縄	全体
承認	100%	92.0%	100%	91.3%	100%	100%	100%	97.5%
意見	76.9%	96.0%	100%	95.7%	91.3%	100%	97.7%	94.9%
任用	100%	84.0%	71.4%	43.4%	56.5%	86.7%	88.7%	75.8%
度数	13	25	14	23	23	15	44	157

用」75.8％となる。「承認」および「意見」はほとんどの教育委員会の規則に記されているが、「任用」に関しては3／4の自治体に止まる。確かに、地教行法に基づく制度とされているから、学校運営協議会が3権限のすべてを行使できることになるはずだが、それら権限、特に「任用」をあえて規則中に明記していない自治体が多い実態にある。おそらく、「任用」を回避しようとする姿勢の表れだと解せられる。

　この「任用」規程「有り」を7地方別にみると、「北海道・東北」の100％を最高に、以下、「九州・沖縄」88.7％、「四国」86.7％、「関東」84.0％、「中部」71.4％が続き、「近畿」43.4％、「中国」56.5％の場合は数値が著しく低下する。2002年度から始まった文部科学省の実践研究指定校は西日本に集中したが、ガバナンスに強く関わる「任用」権限はこれら地方では避けられている様子がわかる。その意味で、この数値の低さは、西川（2012）が指摘する「関西型」の特徴を示すものといえよう[2]。

　そのほか、「承認」規定率は全体的に100％の自治体が多い中、「関東」と「近畿」は100％未満だが、これは両地方に「無し」が2自治体ずつ存在するに過ぎない。ただ、両地方には、学校運営協議会権限の基本中の基本ともいえる「承認」すらも避けようとする自治体が存在することは注目に値する。また、「意見」は、「承認」と「任用」で100％の「北海道・東北」では意外にも低く、約8割（76.9％）に止まる。ただし、「意見」を欠く自治体数はいずれの地方でも1団体から3団体の範囲に過ぎない。

　そして、「任用」規程が明記されていても、「教育委員会に対して意見を述べるときは、あらかじめ校長の意見を聴取しなければならない」などの条件を付している自治体は、「近畿」以南の地方に多く、なかでも「四国」

表6-2 「任用」規程の有無-（規定率）

地方名	1北海道・東北	2関東	3中部	4近畿	5中国	6四国	7九州・沖縄	全体
無し	0.0%	16.0%	28.6%	56.5%	43.5%	13.3%	11.4%	24.2%
有り・条件付き	0.0%	4.0%	14.3%	39.1%	34.8%	80.0%	43.2%	32.5%
有り	100%	80.0%	57.1%	4.3%	21.7%	6.7%	45.5%	43.3%
合計度数%	13	25	14	23	23	15	44	157
	100%	100%	100%	100%	100%	100%	100%	100%

（80％）は他の地方に比べて断然高い数値を示している（表6-2）。「四国」は導入自治体数が少ないとはいえ、「任用」規程「有り」の合計が86.7％と高めにもかかわらず、条件付き「任用」とする傾向にある。「条件付き」によって、ガバナンスの程度を弱化していることになる。

(2) 学校運営協議会の「承認」事項の内容

　学校運営協議会がもつ3つの法定権限のうち、校長が作成した基本方針等の「承認」対象とされる具体的事項を取り上げて、その事項別設定数を見ていくことにしよう。その事項の数は、学校運営協議会によるスクール・ガバナンスへの影響力を表すものと考えられるからである。すなわち、「承認」事項数が多いほどステイクホルダーの学校運営参画を広い範囲で促すことになり、結局、学校運営協議会のガバナンスを強めるものと解される。

　全国の学校運営協議会設置規則を見ていくと、「教育目標・基本方針」「学校経営計画」「教育課程」「組織編成」「学校予算」「施設・設備」「その他必要な事項」の7事項のいずれか（平均4.4）を「承認」事項として設定しているパターンが多いことがわかる。さらに、教育委員会によっては、独自の「承認」事項を定めているところもある。たとえば、「学習指導や生徒指導に関すること」「地域住民等の協力や参画に関すること」「前年度の運営実績に関すること」などの実例が比較的多くみられる。ユニークな例としては、「教職員の研究と修養に関すること」（玖珠町）、「予算及び人事に関する事項」（日向市）など教職員に関わる事項を「承認」対象に位置

付けている自治体もある。それらの独自事項を盛り込む自治体は南日本に多い。

3 「スクール・ガバナンス」度による学校運営協議会規則の分析

　スクール・ガバナンスの程度を評価するために、ここでは学校運営協議会の権限等の範囲等＝「マター」と、委員等の扱い＝「アクター」に分けて、それぞれの程度を図るためにスコア化を試みた。マターについては「マター・スコア」、アクターについて「アクター・スコア」という名称を用いて数量化した。なお、ここで捉えようとするのは、あくまでも設置規則から導き出される外形上のガバナンス度である。

　なお、学校運営協議会の権限構成要素に基づくスコアの算出方法は図6-1の通りであるが、これら数値の算出根拠は表6-3に述べる方法による。

　そして、この２つの「スコア」を用いて、各教育委員会の学校運営協議会設置規則をガバナンスの視点から分析し、コミュニティ・スクールの多様性とその地方的特性を明らかにする。

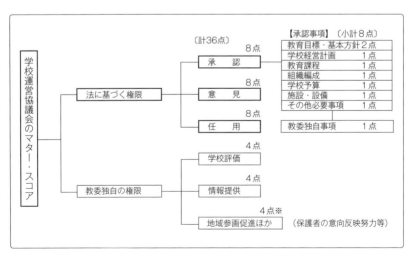

図6-1　学校運営協議会の権限構成要素－マター・スコアの算出方法－

表6-3 マター・スコアの配点基準

マター・スコアの要素	配　点	フルスコア
1．学校運営協議会法定権限2項目「意見」及び「任用」	各8点×2 ※条件付き＝4点	16点
2．「承認」（対象事項数でスコア化）	各1点×8（最多8項目）「基本方針・目標」＝2点	8点
2．教委独自権限	各4点×3（最多3項目）	12点
合計		36点（×2.778）

註：文中では、ここで示したフルスコアを「×2.778」で算出して便宜的に100点満点で表した。
※「教育委員会に対して意見を述べるときは、あらかじめ校長の意見を聴取しなければならない」などの条件。

　以下、スクール・ガバナンスの程度を評価する指標であるマター・スコアとアクター・スコアのスコア化の根拠と配点基準等について説明しておきたい。

(1) スクール・ガバナンスとマターとの関係

1) 学校運営協議会権限のスコア算出方法（表6-3）

　学校運営協議会法定権限は「承認」「意見」「任用」3項目であるが、多くの教育委員会ではさらに「学校評価」「情報提供」を加えている。そこで、法定権限を1項目8点としたが、自治体のなかで独自に定める「教委独自権限」は法的根拠をもたないため各4点に減じた。なお、自治体独自権限には、そのほか「地域の学校参画の促進」などの項目が比較的多くみられる。

　なお、「意見」及び「任用」については、「校長への事前意見聴取」を条件付けている場合には4点に半減した。

2)「承認」対象事項のスコア算出方法

　学校運営協議会の権限のうち「承認」対象事項は極めて多様で、その範囲も様々で、最多7項目に及ぶ。それには、「教育目標・基本方針」「学校経営計画」「教育課程」「組織編成」「学校予算」「施設・設備」「その他必要な事項」の7項目が多くの自治体で見出された。これらのうち、「教育目標・基本方針」はガバナンスの強さを考慮して2点に加点し、他の各事項を1点としてスコア化した。つまり、すべての事項を取り上げている場合には8点満点になる。

(2) スクール・ガバナンスとアクターとの関係

　一方、スクール・ガバナンスの在り方を左右するもう1つの要因として学校運営協議会委員のアクター(委員等)に注目してみた[3]。まず、委員の選出範囲は、ガバナンスの質に関わり、その定数はガバナンスの量に関わる重要な要素になる。委員層が多様でその数が多いほどガバナンスが強まると捉えることができる。

　むろん任期や指定期間もガバナンスの強化につながる要素であり、任期や指定期間が長いほどガバナンスの程度を高めると考えられる。委員は経験が長くなれば、率直な意見を申し出るようになり、活発な協議・審議が期待され、また指定期間が長いほど委員が着実な活動を行うことができるからである。

　そして、公募制は幅広い層の取り込みを可能にする意味で、ガバナンス度を高める。つまり、同僚性をもちつつも異質な存在であるハイブリッド人材の活用につながる可能性をもつのである。

　報酬の有無も、多様なアクターの確保とインセンティブに影響を及ぼす。「有り」のほうが「無し」よりも、委員の経済的負担を軽減し、経済的問題を抱える層の取り込みを促し、かつ委員のインセンティブを高めて、ガバナンス活動の活性化につながり得る。

　さらに、会議の傍聴・公開は、委員以外のアクターの参加を保障することによって、ガバナンスの程度を高めることにつながるだろう。以上の観点から、アクターに関して、次のような基準でスコア化を試みた(図6-2、表6-4)。

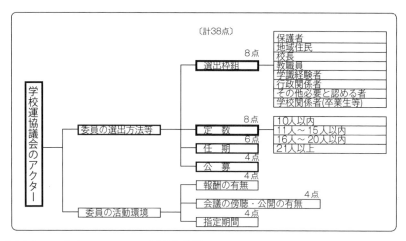

図6-2　アクター・スコアの配点基準

表6-4　アクター・スコアの配点基準

アクター・スコアの要素	配　点	フルスコア
1．学校運営協議会委員選出枠組	各1点×8（最高8属性）	8点
2．学校運営協議会委員定数	10人以内　　　　＝2点 11人〜15人　　　＝4点 16人〜20人　　　＝6点 21人以上　　　　＝8点 ※「協議」等　　＝2点	8点
3．学校運営協議会委員の任期	年数×2（最長3年） ※「取り消しまで」等＝2点	6点
4．公募規程	「有り／必須」＝4点 「有り／任意」＝2点 「無し」　　　＝0点	4点
5．報酬規程	「有り」＝4点 「無し」、「有り／無償」＝0点	4点
6．傍聴または公開規程	「有り」＝4点 「無し」＝0点	4点
7．指定期間	年数×1（最長4年）	4点
合計		38点（×2.632）

※ここで示すスコアは、合計38点×2.632で算出し、便宜的に100点満点で表した。

1）委員の選出枠組・公募と定数のスコア算出方法

　委員選出枠組の種類が最大8種みられたことから、各種1点として8点満点とした。たとえば、典型例を挙げると、「保護者・地域住民・校長・教職員・学識経験者・行政職員・その他必要と認める者」の7種になるが、この場合は「7点」になる。これに、「卒業生等学校関係者」あるいは「事務職員」等が加わる例があり（これら2種が共に加わる例はない）、これらのうちのいずれかを加えても「8点」満点になる。

　委員定数については、最低6人、最高30人であったことから、満点を8点（選出枠組の満点と揃えた）とし、これを4段階に分割して、10人以内＝2点、11人〜15人＝4点、16人〜20人＝6点、21人以上＝8点とした（表6-4）。なお、定数が示されず、校長と教委の協議で決めるという場合は、学校等の恣意が強く働くため1点にした。

2）委員の任期・指定期間のスコア算出方法

　いずれも年数だが、委員の任期は最短1年、最長3年だったことから、年数を2倍にして、満点を6点とした。

　指定期間は、最短1年、最長4年であり、任期よりもガバナンスへの影響力が弱いと考えて4点満点とし、そのまま年数を1点に配点した。

3）報酬・傍聴・公募のスコア算出方法

　公募の有無は、報酬や傍聴よりもガバナンスのアクターに強く影響するであろうと考えて6点満点とし、公募規程「有り」のうち、必須とする場合を満点の6点、「できる」とする任意の場合を半減して3点とした。

　報酬と傍聴に関する規程は、「有り」4点、「無し」0点とした。なお、報酬に関しては設置規則でなく、別の要綱等で定めている場合もあるが、ここではあくまでも学校運営協議会設置規則上の規程の有無に限って分析することにした。したがって、世田谷区のように、規則では定めていないが、「会議要綱」に有償規程がある場合でも0点として算出している。

(3) スクール・ガバナンス・スコア——「マター・スコア」と「アクター・スコア」

1) マター・スコア

　以上の基準に基づいて、各規則から自治体のマター・スコアとアクター・スコアの算出を試みた（表6-5）。なお、この場合の数値（スコア）自体の絶対的な意味はなく、あくまでも比較変数として用いているだけである。

　最初に、マター・スコア（36点×2.778＝100点満点とした）を取り上げると、「全体」平均は63.4となる。地方別の最高は「北海道・東北」74.1となり、「中部」70.4、「九州・沖縄」69.5、「関東」67.8が続き、これら4地方はいずれも全体平均値を上回る。一方、最低は「近畿」48.4で、「中国」53.4、「四国」61.3が続く。「関東」の順位が低いが、「北海道・東北」及び「中部」を含む中部以東の地方は相対的に高いスコアを示している。

　これに対して、「近畿」「中国」「四国」の3地方は両スコアともに全国平均値よりも低く、なかでも「近畿」はいずれのスコアも最低値になっている。なお、「九州・沖縄」はアクターの低さに対して、マターでは高いスコアとなり、両スコアのギャップが大きい実態（スコア差22.5）にある。

2) アクター・スコア

　協議会委員に関するアクター・スコア（38点×2.632＝100点満点とした）はどうだろうか。同じく表6-5をみると、「全体」（平均値）は49.5となる。スコアの高い順に地方を見ていくと、「北海道・東北」61.5を最高に、以下「関東」57.3、「中部」53.6が続き、これら3地方が平均値を上回る。低い順では、「近畿」41.8、「四国」46.0、「中国」46.5、「九州・沖縄」47.0となり、ほとんど数値差はない。このうち、「近畿」はマター・スコアでも最低値を示し、ガバナンスという点ではその程度が弱いことになる。「九州・沖縄」と「関東」はマターと逆転しているほかは、マターとアクターの数値の順位に大きな差がみられない。やはり、「北海道・東北」のスコアが高く、「近畿」が低い実態にある。

表6-5　スクール・ガバナンス度（スコア）－7地方別－

地方名	度数		マター・スコア	アクター・スコア	ガバナンス・スコア計
1 北海道・東北	13	平均値	74.1	61.5	67.8
		標準偏差	10.3	9.3	6.8
2 関東	25	平均値	67.3	57.3	62.3
		標準偏差	21.4	11.5	14.2
3 中部	14	平均値	70.4	53.6	62.0
		標準偏差	16.9	9.2	11.3
4 近畿	22	平均値	48.4	41.8	45.1
		標準偏差	14.2	12.4	11.7
5 中国	23	平均値	53.4	46.5	49.9
		標準偏差	17.6	12.7	12.9
6 四国	15	平均値	61.3	46.0	53.6
		標準偏差	8.9	9.6	7.3
7 九州・沖縄	44	平均値	69.5	47.0	58.3
		標準偏差	18.3	12.9	12.9
全体	157	平均値	63.4	49.5	56.5
		標準偏差	18.7	13.0	13.6

3）スクール・ガバナンス・スコア

　マター・スコアとアクター・スコアの平均値から求めたスクール・ガバナンス・スコア（以下、「ガバナンス・スコア」）は、教育委員会によって大きな差異がみられ、最高の約86から最低の約30までに分散している。

　その前に、まずマター・スコア上位20位までの自治体をみると（表6-6）、福岡県（朝倉市、新宮町、宇美町）や熊本県（大津町、山江村、荒尾市、水俣市、玉名市、菊池市、産山村、氷川町、錦町）、長野県（信濃町、上田市、長和町、諏訪市、阿智村）のように同一都道府県の市町村が複数ランクするケースはあるが、他の市町村の属する都道府県はばらついている。

　アクター・スコアについては、「関東」の東京都内の市町村が浮上してくるが、その他市町村の都道府県は幅広い範囲にわたっている。つまり、地方や都道府県には、どちらかといえばマターに関しては一定の傾向がみ

第6章　コミュニティ・スクールの多様化の実態分析

られるものの、詳細にみると市区町村が自らの方針に基づいて、地域性に合わせた独自のコミュニティ・スクールを導入していることになる。

マター・スコアとアクター・スコアの合計平均値であるガバナンス・スコアは、福島県大玉村の86.76 を最高に、以下、三鷹市85.33、「日野市」79.81など東日本の自治体が続き、そのほか「甲斐市」(山梨県)、「信濃町」(長野県)の「中部」が上位にランクする。全体的に、「関東」の市町村が目立つようになり、「九州・沖縄」の市町村も複数ランクしている。上位群には「近畿」及びそれ以南の周辺市町村はほとんどみられない。

表には表していないが、「関東」の世田谷区はマター・スコアが下位20位だが、この場合、学校運営協議会のマターが極端に縮小されていることが原因している[4]。同区立学校には、学校運営協議会のほかに、学校関係者評価委員、学校協議会、学校評議員が置かれ、それぞれの役割を果たしている。このうち、学校協議会は学校と地域の連携を推進する組織で、健全育成や地域防災・防犯、教育活動の充実を図ることを目的とし、他の自治体教育委員会でみられる学校運営協議会の実働組織のような役割が課されている。つまり、各組織が学校のガバナンスを役割分担する形を採っているのである。この例のように、スコアが低くても、他の仕組みによってガバナンスが確保されていることもあるので、スコアだけではそのガバナンス度が計れないことを確認しておきたい。

これらスコアは、筆者によるデータ分析上の主要な変数を算出したものであって、当該自治体の教育委員会(学校運営協議会)規則の優劣を評価することを意図したものではない。また、スコア算出に用いた変数やその算出方法については、議論の余地は十分あろうが、本論文における測定基準については筆者の経験知を拠り所としていることは否めない。しかしながら、コミュニティ・スクールの地域性を描くための1つの有力な方法になると考えている。

(4) 他の変数によるスクール・ガバナンス度の分析

1) 自治体規模とガバナンス度

以上の限界を自覚しつつも、本章の最後に、自治体規模別、都道府県別、学校運営協議会規則制定年による一定の傾向が析出されるかを検証してみ

表6-6　ガバナンス・スコア上位20位の自治体（2013年現在）

マター・スコア		アクター・スコア		ガバナンス・スコア総合		ガバナンス・スコア(順位)
朝倉市	100.0	三鷹市	79.0	大玉村	86.76	1
新宮町	100.0	日野市	79.0	三鷹市	85.33	2
大玉村	97.2	美咲町	79.0	日野市	79.81	3
宇美町	97.2	大玉村	76.3	甲斐市	78.67	4
小美玉市	94.4	由利本荘市	73.7	信濃町	77.43	5
三鷹市	91.7	北広島市	71.1	山江村	77.35	6
信濃町	91.7	三重県立学校	71.1	小国町	75.75	7
大津町	91.7	三笠市	68.4	足立区	74.52	8
玖珠町	91.7	高崎市	68.4	氷川町	74.52	8
南さつま市	91.7	渋谷区	68.4	朝倉市	73.69	10
甲斐市	88.9	足立区	68.4	玉名市	73.2	11
山江村	88.9	甲斐市	68.4	氷川町・八代市組合	73.2	11
上田市	86.1	土佐町	68.4	習志野市	71.88	12
長和町	86.1	氷川町	68.4	諏訪市	71.88	12
日野市	83.3	大石田町	65.8	伯耆町	71.88	12
開成町	83.3	文京区	65.8	杉並区	71.8	16
南部町	83.3	杉並区	65.8	三笠市	71.72	17
糸満市	83.3	武蔵村山市	65.8	渋谷区	71.72	17
岩泉町	80.6	武雄市	65.8	土佐町	71.72	17
柴田町	80.6	玉名市	65.8	北広島市	71.63	20
川口市	80.6	宇土市	65.8			
新座市	80.6	氷川町・八代市組合	65.8			
習志野市	80.6	山江村	65.8			
足立区	80.6					
八王子市	80.6					
小平市	80.6					
川崎市	80.6					
諏訪市	80.6					
阿智村	80.6					
伯耆町	80.6					
矢掛町	80.6					
荒尾市	80.6					
水俣市	80.6					
玉名市	80.6					
菊池市	80.6					
産山村	80.6					
氷川町	80.6					
氷川町・八代市組合	80.6					
錦町	80.6					

10位

ることにする。

　最初に自治体規模を「道県＋県庁所在地＋指定市」（都府立学校の規則はないため「道県」とした）という大規模自治体、「市」（特別区を含む）の中規模自治体、そして「町村」の小規模自治体別にガバナンス・スコア（マターとアクターを含む）を分析したところ、図6-3のようなグラフが描かれる。図から明らかなように、ガバナンス・スコアは、自治体規模が小さいほど高くなっている。ただし、アクター・スコアに関しては自治体規模の違いに大きな差異がなく、40後半から約50までの間に止まる。マター・スコアに関しては自治体規模による影響が明確で、このスコアがガバナンス・スコアの数値を高めている。

　以上から、マターを中心とするガバナンス・スコアは自治体規模が小さいほど高い傾向にあり、この傾向は、町村では大規模自治体に比べて保護者や地域住民との信頼関係が密であるために、彼らの「外圧」に対する警戒が強く認識されていないからだと考えられるのである。また、大規模自治体は、学校数が多いため、どの学校区地域にも適用可能な弾力性のあるマターにしていることもその背景の1つとして考えることができる。

　ともあれ、町村のスコアの高さは、「承認」「意見」「任用」という基本的な権限を規則に盛り込んでいることが影響している。したがって、自治体規模が小さいほど法に厳密に従ってコミュニティ・スクールを導入する傾向にあり、その規模が大きくなると独自の工夫を取り入れる傾向にあるといえよう。

　むろん、大規模自治体の度数（N）は12にとどまるが、「市」との数値関係を考慮すれば、おおよそ以上のような考察が成り立つものと思われる。

2）都道府県別ガバナンス・スコア

　ガバナンス・スコアを都道府県別に分析するとどうなるだろうか。図6-4はその結果を、左側から「北海道・東北」～「九州・沖縄」までの地理的順にスコアを図示したものだが、これによると、図の中央部である「近畿」を谷底として左右に数値の棒が高くなるようななだらかなV字を描いていることが読みとれる。概ね「東日本と南日本のスコアが高く、中央部の「近畿」周辺都道府県が低くなっている。「九州・沖縄」のなかの長崎

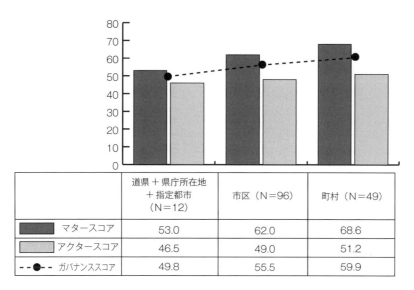

図6-3　自治体規模別ガバナンス・スコア

県は周囲に比して著しく低いが、これは壱岐市1団体が低いだけである。
　山梨県が最高値を示しているが、甲斐市1団体の影響によるもので、このほか、都道府県内の市町村数の違いが著しいため、信頼性の高いデータとはいえないが、これら数値はガバナンス度に関する一定の地理的影響を現すものと解することができよう。

　3）規則制定年別ガバナンス・スコア
　ガバナンス・スコアは地理的な要因や自治体規模だけでなく、コミュニティ・スクール導入年、換言すれば規則制定年の影響を受けているかもしれない。
　そこで、規則制定年別にガバナンス・スコアを算出したところ、図6-5に記した結果が得られた。図で明らかなように、マター・スコアとアクター・スコアは制定年によってばらつきがあるが、これらの総合スコアであるガバナンス・スコア（折れ線）はほぼ横ばいの状態を示している。ただし、2010年は最低値（ガバナンス・スコア48.8）を示しているが、これは

第6章　コミュニティ・スクールの多様化の実態分析

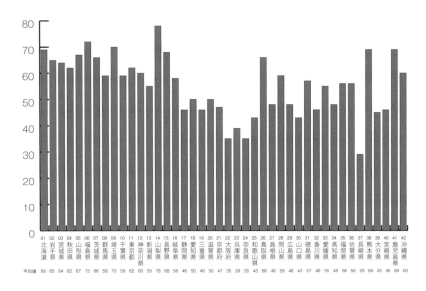

図6-4 都道府県別ガバナンス・スコア

スコアが平均値 (56.4) よりも低い「九州・沖縄」や「近畿」の市町村の導入の多さが影響している。

以上のデータによれば、ガバナンス・スコアは、規則制定年の影響を受けるというよりも、地理的要因や自治体規模に強く影響されていると考える方が妥当だと考えられる。

4 要約

本稿では、すべての教育委員会が制定した学校運営協議会設置規則の規程のうち、スクール・ガバナンスに強く関わる規程を選択して分析を試みた。それら分析からは以下の主な結論を導きだすことができる。

第1に、学校運営協議会の権限等は教育委員会によって著しく異なり、多様化している実態にある。なかでも「承認」対象事項は多様で、その数も教育委員会によって異なるが、平均4.4事項が定められている。「任用」に関しては、1／4の規則で規定されておらず、規定されている場合でも

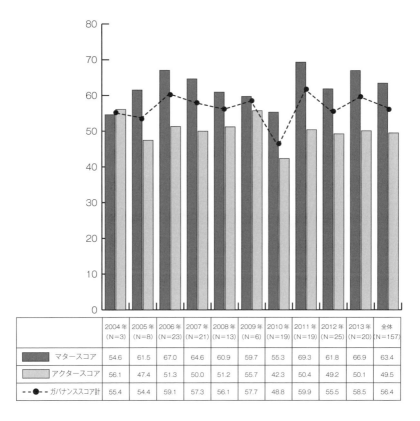

図6-5　指定年度別ガバナンス・スコア

校長への以前の意見聴取を条件づけている例が全体の3割程度ある。また、学校運営協議会の法に基づく権限のいずれかを欠き、これを補完するかのような「学校評価」や「情報提供」などを盛り込む例が多く、それら法定権限に加えて「地域住民の学校運営参加の促進」など自治体独自の権限等を加える例がみられる。ようするに、スクール・ガバナンスの要素を弱めるのと差し替えに、法の定めにない権限等を盛り込んでいる例が珍しくないのである。ただし、「近畿」のように、法定権限が少なく、付加的な独自権限等も少ないという例も地方によってみられる。コミュニティ・スクールを学校支援や地域連携の仕組みとしてのみ捉えれば、これら権限等の数

は少なくても機能するからであろう。

　第2に、学校運営協議会の権限等の範囲と委員の扱いに関する規程を基にしてスクール・ガバナンス度を算出した結果、教育委員会によって著しくスコアが異なることがわかった。最高は約87で、最低は約30という大きな開きがある。このスコアは、数値が高いほどガバナンス度が高いというように、ガバナンスを計る1つの指標として位置付けてみたところ、地域差が明確にみられ、「北海道・東北」をはじめ中部以東の地方で高く、「近畿」以南の周辺地方で低い傾向を見出すことができた。「近畿」などの地方は学校支援活動に重点を置いていることが影響していると考えられるのである。

　第3に、自治体規模（都道府県・市・町村などの自治体種に基づく規模）別では、町村の小規模自治体のガバナンス・スコアが高く、県・県庁所在市・指定市の大規模自治体で低くなっている。ガバナンス度という点では自治体規模が小さい方が高くなるという傾向が見出された。おそらく、学校設置数や地域住民等との関係性の在り方がその背景にあると推測できるのである。なお、規則指定年によるガバナンス・スコアの影響はほとんどみられなかったことからも、自治体の地理的条件や規模などがそのスコアに影響していると考えることができる。

　コミュニティ・スクールは元々学校改善の仕組みとして登場したが、今後は学校を核にした地域活性化や学校支援ボランティア活動の展開による大人自身の学習支援を促すための仕組みとして機能していくことが期待される。平成27年12月の中央教育審議会答申「新しい時代の教育や地方創生の実現に向けた学校と地域の連携・協働の在り方と今後の推進方策について」がコミュニティ・スクールと地域学校協働本部との一体的な運用によって、地域の大人と子供が学び合い、地域コミュニティが活性化することを重視したのはまさにそうした視点からである。したがって、コミュニティ・スクールが地域社会における学習支援の再構築に果たす役割は極めて大きいと言えるのである。

《注》
（1）　学校運営協議会設置規則に関する先行研究としては、筆者の『コミュニ

ティ・スクール』(単著、エイデル研究所、2016年)中の「第4章　学校運営協議会設置規則の分析」がある。また、筆者は、論文「コミュニティ・スクール制度の形成と展開に関する実証的研究」において、すでに全国の学校運営協議会設置規則の数量的分析を試みている（2015年度大阪大学提出博士論文）。後者の論文では学校運営協議会のタイプを完全型・制約型・欠損型（1欠）・欠損型（2欠）に分類し、それぞれの有効性を検証している。
（2）西川信廣「コミュニティ・スクールとスクールガバナンス—関西地方の事例から—」日本教育経営学会紀要第54号、2012年、112頁～115頁
（3）仲田は、これまで学校運営協議会委員の属性（保護者委員）や発言実態に焦点をあてた実証的研究を試みている（仲田康一『コミュニティ・スクールのポリティクス』勁草書房、2015年)。
（4）　東京都教育委員会はコミュニティ・スクール指定校に対して、非常勤講師に関する意見を学校運営協議会に申し出るよう促しているため、規則に「任用」規程がなくても、実際にはそれに関する意見申し出がなされている。

第 2 部

地域社会における学習支援の再構築

第7章 地域問題・課題の解決と学習社会
環境学習の観点から

関 啓子（一橋大学名誉教授）

　地域社会の課題や問題の解決に、市民が学習して取り組むとなれば、それは実質的な学習社会の到来を意味している。そしてその学習の方法も意味も、従来の学校教育型とは一味異なるものになる。

　環境教育の観点から社会事象を捉えれば、地域課題は環境保全あるいは環境破壊の阻止のいずれかである。大雑把な分類だが、環境保全は、里山や緑地を保全する日常的な取り組みで、他方、環境破壊の阻止は日常的ではない。環境破壊は、ここでは、ひとまず自然環境と人間との安定的な関係を壊すこととみなす。自然災害による破壊もあるが、それの誘発も含めて、環境破壊は、概ね自然に人間が手をかけた結果である。

　いうまでもなく環境保全がうまくいっていれば、環境破壊計画が忍び寄りにくくなるから、2つの課題は相互に関係している。

　本稿では、後者の自然環境の破壊計画に立ち向かい、環境破壊を最小限に食い止めた市民の活動と学習を扱う。

　都市および近郊の緑地、里山、森林が護られることは、恐ろしく難しい。私有地の場合、地目にもよるが、固定資産税や相続税などの税で地権者は苦しめられるからだ。苦しんでいる地権者の前に、甘い誘いが示される。たとえば、区画整理事業計画や住宅やゴルフ場などの開発計画である。土木・土建国家日本の真骨頂だ。特に抗いがたい開発計画は、道路建設などの、一見して公共性が高いものである。行政が主導する公共事業という形態をとりやすい。すると、大小のディベロッパーたちが勇んで結集する。既存道路で市民生活に支障は来たしていなくても、道路は「ツクル」ために造るのである。その道路の目的が、近隣住民のためではなく、物流のための

通過道路であっても、住民のための生活道路と説明される。行政が市民から「ご理解」を得るためだ。

開発計画が着手されれば、道路用地の自然環境は木っ端微塵に砕け散る。自然環境を保全したうえで、自然破壊を最小限に食い止めるためには、学びが不可欠なのだ。行政と開発促進勢力の知見と膨大な情報を超える知識・知恵・策・業が必要になる。

本稿で扱う緑地は、道路工事で木っ端微塵になるはずであった樹林地と畑、庭地である。それらは、市民グループ「関さんの森を育む会」[1]によってよく保全され、公共的に利用されていた。森の公共利用の歴史を遡れば、現所有者の先代（関武夫）が、1967年頃から屋敷林を子どもたちの遊び場として開放したことに始まる。そうした歴史をふまえて、今道路の公共性と市民利用の公共性が、真っ向から対立したのである。

本稿では、まず、緑地がどのように利用されていたかを概観する。ここでは参与観察を援用する。次に、道路建設による環境破壊に抗った市民の運動を描く。最後に、市民の学習の意味を考察する。

1　環境教育──子どもとおとなが生物多様性を学ぶ

本稿で扱う緑地は、千葉県松戸市にあり、「関さんの森」の名称で知られている。屋敷林と庭、農園、梅林、湧水地などからなり、広さは全部で2.1ヘクタール、その内1ヘクタールは個人所有、1.1ヘクタールは公益財団が所有している。前者の個人所有者が、遺産相続の際に「自然を護る」ために後者の財団に寄付をしたという経緯がある。自然をそのまま残すために、土地のトラストに踏み切ったのである。1994年当時、トラストができる団体は千葉県内になく、埼玉県生態系保護協会が応じてくれた。

この緑地の生態系調査が、第三者機関の専門家によって行われた。本格的な学術的な調査によって、このひとかたまりの緑地にはゆたかな生物多様性が維持されていることが立証された。広くはないが、都市のなかにあって里山的な風情を残す森なのである。

この緑地には、近隣の小学生が体験学習で訪れ、保育園の子どもたちも遊びと学びのためにやって来ていた。中学校が利用することもあれば、高

校生の自由研究や専門学校生の実習にも使われていた。

　小学生の「生活科」の学習や体験学習に、この緑地は役立ってきたのである。低学年や就学前の子どもたちは、昆虫におどろき、よろこび、四季のうつろいに感動する。恵みの秋には、柿をとって食べ、栗拾いもする。栗は、自然探訪のごほうびでおみやげになる。みかん狩りも楽しむ。紅葉した葉のついた小さな枝を携えて、うれしそうに森をあとにする子どもたち。

　園児も小学生もあらたまって生物多様性を学ぶというよりは、生物多様性の世界に、自然にとけこんでいく、といった方があたっている。木々や草花が豊かで、鳥や昆虫でにぎわう空間に足を踏み入れることで、五感を通じて、生物多様性が「心地よさ」「楽しさ」として経験され、心に残る。小学生たちは体験学習を終えて、大きな屏風を制作したが、そこには生物多様性の世界がものの見事に描かれていた。子どもたちもその世界の一員として屏風内に登場している。ここが「みそ」だ。

　市民グループ「関さんの森を育む会」によって保全されているこの緑地は、子どもの学習の場であるばかりでなく、おとなの学習の場でもある。ここで、環境NGOが環境カレッジを開いている。環境保護の専門家養成である。松戸市は、毎年この緑地を使って里山ボランティア入門講座を実施し、講座の卒業生たちが市内で自然保全のために活躍している。

　実は、「関さんの森を育む会」（以下、市民グループＳと表記する）の活動がモデルとなって、松戸市では民有林にボランティアが入り、森を育むという里山活動が行われるようになった。

　環境保護で世界的に有名なレスター・ブラウンが、「関さんの森」のなかで講演したこともあった。氏は、森がたいそう気に入って、小さいながらも価値の高い森であると評価した。

　同森では、誰でも参加できる自然観察会も定期的に行われ、とても人気がある。市民グループＳの自然観察指導員が講師になって説明する。

　地域のおとなと子どもを対象にした、おたのしみ地域イベントも行われてきた。たとえば、夏のそうめん流し。そうめんが流れる樋は、会員が竹を割って作る。汁椀と箸は、やはり竹細工で、参加者が自分で作る。高校生や大学生が助っ人としてボランティア活動の経験を積む。

　アートも楽しむ。春には小さい芸術祭が開催される。現在の名称は「花

まつり」、「東葛合唱団はるかぜ」のミニ・コンサートが行われ、この森の木々でつくられたコカリナによる演奏もある。コンサートに出かけにくい高齢者のためにミュージシャンが出前コンサートを行ったことが何度もあった。障がい者が、学びと遊びのためにこの森を訪れることもあった。

　この森には、文化遺産も保存されている。江戸時代の蔵や門、熊野権現の祠などである。

　門は、屋根のついた薬医門だ。しかも母屋をふくめて、これらの建物が位置関係を変えずにそのまま丸ごと保存されているところに意味がある、と中村攻千葉大学名誉教授はいう。

　当時の生活の場の組み立て方（文化）を示しているからだ。また、権現様の祠も、もっとも合理的なところに建てられている、と歴史家が指摘した。どこに位置しているかも、大事なのである。

　蔵には、古文書が保存されていた。名主が残した農民生活の記録である。これも大切な社会史的史資料である。そうした意味で、「関さんの森」は地域の人々の社会史を、風景として語りかけてきたことになる。いわば街の原風景なのだ。

2　森の危機——環境破壊計画と強制収用

　しかし、2008年、この緑地を破壊する道路計画が浮上した。道路は、学びや憩いのために10数年、公共的に利用され、市民によって育まれてきた緑地を完全に壊し、文化遺産の建物とその位置関係をめちゃくちゃにするものであった。環境アセスメントも行われず、行政が上から決定し、40年以上も着手されなかった道路計画がにわかによみがえったのである。

　きっかけは、先の市民グループSがエコミュージアム[2]を立ち上げたことにあった。その設立記念シンポジウムを開催した直後に、強制収用が宣告されたのである。自然保護のバージョンアップが起こり始めた矢先に、満を持していたかのように、行政は強制収用に着手したのである。

　設立記念シンポジウムには多くの人々がつめかけ、会場になった流通経済大学のホールは一杯になった。行政は、こうした市民の環境保護運動の芽を早く摘み取りたかったのだろう。背景には、行政が深く関わる区画整

理事業がこげつき、地元金融機関さえ融資を渋りだしたという事情があった、と聞いた。
　こうしたことは見え見えでも、表面的には生活道路が必要だという理由で、大型車両のための通過道路が強制収用という強引な手法で造られることになり、すかさずその手続きが開始されたのである。
　市民グループSと市民たちは、このような環境破壊に「ノー」を突きつけ、「提案型」自然保護運動を開始した。
　行政は、あくまでも強制収用にこだわり、その一歩を踏み出した。強制収用手続きの開始日、80人のヘルメットに作業ブーツの行政マンが、医師と私服警官をともなって緑地の所有者宅にものものしく押し寄せた。まるで小さな軍隊のようであった。部下を引き連れ、開発部長は誇らしげに強制収用執行を宣言した。
　しかし、大向こうをうならすはずが、そうはいかなかった。80人のいわば武装者たちを迎えうったのは、普段着姿の市民たち120名であった。市民たちはあくまでも言論で秩序正しく抗議した。

3　「提案型」市民運動

(1)　怒涛の自然保護運動

　市民運動など経験したことのない街で、市民は街頭に立ち、自然の重要性を訴え、署名運動を行った。何人もの市民が、駅前で、人通りの多いところで、緑の価値や文化遺産の価値を語り、環境教育やケアや市民の憩いなどに利用されている空間の公共性を護りたいと訴えた。寒空の下で懸命に署名を呼びかける声に、多くの市民が足を止め、協力してくれた。
　市民グループSは、地域の人々に、この問題を一緒に考えてもらいたいと、フォーラムやシンポジウムなどを立て続けに催した。問題が社会的に討議されるような場を設定し、毎回丁寧な資料を作り配った。どの企画にも多くの参加者があり、問題は地域的に議論される課題になっていった。フォトグラファーやグラフィックデザイナー、映画監督などが、写真、ポスター、映像づくりによって、環境保護運動に力を貸してくれた。運動はアートに

よって瑞々しさと深みを増した。

　マスコミも報道した。新聞も、テレビも。テレビ朝日、NHK、TBSなどが、丁寧に取材して放送した。番組にはすぐに反響があり、後に示す市民グループの作った道路線形変更案を支持する声が寄せられた。

　研究者や弁護士や専門家がインターネット署名に参加し、自然保護運動を応援するコメントが並んだ。マスコミ報道の威力もあって、日本中から署名が寄せられた。こうして、あっという間に3万を超える署名が集まったのである。

(2) 自然と共存する安全な道路づくりを目指して

　市民グループSと支援者たちは、自然を保護したいとだけ主張したわけではない。道路の線形をわずかに変えることで、安全な道路を開通させながらも、できるだけ自然も護ろうと、知恵を絞りに絞ったのである。線形変更に必要な土地を、地権者は寄付することを決断した。

　道路に関わる科学、たとえば土木工学などの専門家たちが、意見を出し合い道路線形の代案づくりに取り組んだ。道路建設を行ってきた実務家も意見を寄せた。開発工事を行う民間の会社やシンク・タンクの専門家も協力した。役立つ知識や策をもった多様な人々が、個別に、あるいは運動参加者の会議で、意見を述べた。

　市民グループSのメンバーと支援者たちは、頻繁に会って議論し、意見交換と情報伝達にはICTも活用した。どのようにすれば自然を護れるか、どうすれば道路の安全は確保されるか。法的な基準はいかなるものか等々。学びに学んだ。仲間内といえども、厳しい議論や批判が交わされた。

　知識が不足すれば、専門家を呼んで、指南を受けた。事業認定の取り消し請求などのいくつかの法廷闘争も視野に入れ、弁護士に協力を仰いだ。自然保護のための弁護団が結成された。

　こうして、多くの人々の知恵と自然への愛がいっぱい詰まった道路の代替案が誕生した。自然をできるだけ壊さない、それでいて極めて安全な道路の線形ができあがり、行政に提案された。

　先にふれたように、提案された代替案はマスコミで報道され、署名運動などのはたらきかけもあって、多くの人々の賛同を得たのである。

レスター・ブラウンはアメリカから、森を護る必要性を訴えるメッセージを市長に寄せた。
　それでも、強制収用はとまらず、ブルドーザーがすべて押しつぶす日は刻々と近づいていた。この状態を憂いた人がいる。地元地方紙の記者である。彼は、市長と市民運動とが対立したままの状態をなんとか解きほぐそうとした。どういうわけか、市長を市民グループに会わせないバリアがつくられていた。そこで、記者は、自然保護と道路建設の両方を実現するために、現地での市長と土地の所有者との一対一の面談を設定した。松戸市の原風景が残っていることに感動した市長は、自身も考えていた線形と代替案とが極めて類似していると判断し、和解への動きが始まった。強制収用は中断され、やがて中止された。

4　市民力の醸成過程としての学び

　結局、市長の決断もあって計画道路は線形をほんの少し変える形で造られた。最初に記した学びや憩いの場は、生き残ることになった。文化遺産の建物もその位置で保存された。数字でいえば、緑地のおおよそ約85パーセントが護られ、15パーセントが道路に変わった。
　この自然保護運動は、創作ミュージカル「幸せ谷いのちの森物語」（安藤由布樹作曲）になって、松戸森のホールで公演された。
　市の原風景を護ったのは、市民の力である。多様な専門家と多数の市民の参加が緑地を護ったのだ。市民の力はどのように醸成されたのか。学習社会の「学習」という観点から考察する。

(1)　活動方法をめぐって

　環境破壊に反対する活動の前提は、次のところにある。行政がかつて立てた開発計画は社会状況が変わっても実施されなくてはならないといった、「これまではそういうものだと受け入れてきた現実」に、疑問符を打つことである。環境破壊に抗する自然保護運動に参加する人々は、「当事者たちがそういうものだと受け入れてきた現実は社会的に構築されたもので、つくりかえていくことができる（脱構築）という立場で介入（アクション）

する」ことになったのである⁽³⁾。「変化を企図して行動し、変化の過程と結果を観察する。運動参加者は、こうした過程と結果を振り返り、次なる計画を立て、行動し、観察し、振り返り……」を繰り返した⁽⁴⁾。

以上の学習スタイルは、課題設定的な成人学習論を提起したフレイレを髣髴させるが、レヴィンたちはアクションリサーチを論じながら、フレイレの「意識化」の意味を以下のように捉えている。それは、「参加者が活動する歴史的で政治的な文脈の批判的理解のうえに打ち立てられる行為・アクションに関わる知識を磨くことを目指した調査」⁽⁵⁾であり、学びであると。

上記の自然保護運動の参加者たちには、アクションリサーチ的な手法を用いる人が何人もいた。アクションリサーチの手法が、「自らの力で改善や変革を推し進めていくことができるような力を実践者に育てること」になったのである⁽⁶⁾。

(2) 参加者の変化（＝発達）をめぐって

運動の中心には、市民グループSのメンバーがおり、そのまわりには運動への参加形態が多様な人々がいた。自然を護るという一種の実践コミュニティができていたのである。運動への参加者は、開発優先の文化に抗する別の文化、自然保護や生物多様性を重視するカウンター・カルチャーに共鳴し、そのコミュニティに正統性を感じて、何らかの活動によって、運動に参加した。

ジーン・レイヴとエティエンヌ・ヴェンガーは、こうした参加形態を正統的周辺参加といったが⁽⁷⁾、この場合、学ぶということは、「自分が正統性を認めた文化、社会に『参加する』ことである。」⁽⁸⁾学ぶことは、自分とは何かを問い、参加をもってその問いに自ら答えることであり、参加はアイデンティティの構築過程そのものなのだ⁽⁹⁾。

参加者一人ひとりは、状況の理解にあわせ、自身の能力を発揮し、手持ちの知識を呼び起こし、活動して輝く（自己実現する）ことになるが、同時に、新たな課題や矛盾に気付き、それを克服しようと、他者から業を学び、知識を習得する。参加は自己形成の過程であり、アイデンティティの再構築過程である。

環境破壊を阻止する運動は、環境破壊計画を実現しようとする相手と向き合うことになるが、この対立状況は常に変化する。情報という点でも圧倒的に優位にある行政・開発側に対して、運動側はカウンター・カルチャーを構築する闘いの実践場面で矛盾を見つけ、開発側に有利な文脈を相対化し、新しい文脈を立てて、実践コミュニティの在り方と活動を新たにデザインしなおしていく。市民グループSを中心とした自然保護運動はこうした過程を辿ったのである。所定の文脈に疑問を感じ、問題や課題を発見し、「実践活動の文化・歴史的文脈を拡張し、これまでに存在しなかった（not yet there）ような協働的実践活動の新しいパターンを構築」[10]していった。その限りで、学びは、エンゲストロームのいう「拡張的学習」[11]の要素を帯びていた、といえよう。

　開発側の文脈に自分の知識を落とし込んで発見する矛盾を解く過程で、つまり、追い詰められた困難な状況で、活路を見出そうとするそれぞれの試みによって、参加者一人ひとりの創造的可能性が開花したのである。

(3)　構築されたアイデンティティの意味

　自然保護運動の参加者は、どのような市民性を身に付けたのであろうか。運動参加によって構築されたアイデンティティの中身を、市民性の観点から考察する。

　結論を先取りすれば、自然保護運動の参加者は、ドブソンのいう「環境的シチズンシップ」と「エコロジカル・シチズンシップ」の両方を培いつつあった、と筆者はみている。前者は、市民的シチズンシップ（人格の自由や言論の自由など）、政治的シチズンシップ（経済的自立や政治的参加など）、社会的シチズンシップ（一定の社会的、経済的保障など）の先に、「環境権を対象とし」、すなわち、「権利要求の議論と実践を環境の文脈にまで広げた試み」[12]に取り組む。

　ドブソンに従えば、環境的シチズンシップを体現する場合、国民国家という政体（政治的共同体の政体）の在り様を鋭く問うことになり、手続きの正当性やよりよい議論が追求される。環境的シチズンシップと同様に、持続可能な社会を目指しながらも、非互恵的な責任・義務を対象にするのが、エコロジカル・シチズンシップである。このシチズンシップの徳

は、「エコ・スペースの公平な分配の保証を目的とする」[13]。それは、ドブソンにもとづけば究極的には、エコロジカル・フットプリント[14]によって、環境負荷の非対照性を明らかにし、非互恵的な責任を果たす。地域課題におき直せば、見返りを求めずに、（分配的）正義にもとづく責任の履行として、自然保護活動・運動を行う。公的意味をもつ私的領域も公的領域も、対象になる。エコロジカル・シチズンシップ論は、権利よりも責任を強調し、義務を契約的というよりは、非互恵的な（見返りをもとめない）ものとみなす[15]。

　地域課題としての環境破壊に抗する運動は、ある政治共同体の政体に対して、権利と義務の両方から活動する必要があるから、環境的シチズンシップとエコロジカル・シチズンシップが補完的関係になければならない。先の自然保護運動の参加者は、まさしく両シチズンシップを形成しつつあったと思われる。参加者の増加は、正義にもとづく行動への共感の広がりによろう。國分功一郎がいうように、「多くの人々が実は<u>民主主義に飢えている</u>」[16]ということもあろう（下線部は國分氏による強調符）。

5　運動が提起したことと残された課題

(1)　「まちニハ」

　東京工業大学名誉教授中村良夫は、市民社会を育む入会地の可能性の1つとして、「関さんの森」に注目している[17]。氏は、「山川草木の香にみちた日本の伝統都市」の未来的な蘇生を願い、「まちニハ」を論じている。「ニハとしての都市」という発想は都市空間を「場」に変えることでもある。氏によれば、「ニハ」は、祭りのような共同体のイベントや、農作業の空間も意味した、という。重要なのは、「……場へ身体が介入する現象である」[18]ということだ。地理学者イーフー・トゥアンは、「場所」を「確立した諸価値の安定した中心」[19]とみなした。「空間」は金銭と交換できるが、「場」（場所）はそこに住む人の価値観、生き方が浸透していて、金銭と交換できない、ともいえよう。トゥアンも、場所は「容易に取り扱ったり移動させたりすることのできるようなものではない」[20]とした。

「まちニハ」は、「公」と「私」の空間が混じりながら、「なかば閉じなかば開いた面持ちで」[21]、「コトの起きる場」[22]、にぎわう場である。エコロジカル・シチズンシップが対象とする私的領域と公的領域が微妙に混じりあう場、まさにエコロジカル・シチズンシップが育つ場でもある。

「まちニハ」は、近代・現代社会におけるまちづくりのコアになる思想だ。前述の市民グループによって育まれ、自然保護運動によって護られた場は、「まちニハ」の在り様を示す例であろう。

(2) 民主的なまちづくり

前述の自然保護運動では、「自分たちの手元から見て判断を下す」[23]（下線部は國分氏による強調符）という意味の「民主的」であることを、一人ひとりが活動で表現し、互いに連携した。

道路開通時に市長と市民が交わした覚書により、市民グループと行政との道路づくりの協議会がつくられた。自然と共生した道路づくりのために、市民は道路沿いの自然環境を保全し、行政はそれを支援することになった。民主的なまちづくりの一歩といえよう。

道路開通後、市民グループSの仕事は増えた。沿道のごみを拾い、沿道にツタを植え、炎暑にはツタに水遣りをした。沿道に休憩ベンチもつくった。様々な努力がようやく報われ、この緑地のうち1.5ヘクタールが都市緑地法にもとづき特別緑地保全地区に指定された。

(3) 環境教育の場としてのかがやき

森を体験学習に活用する学校や保育園が増えた。葛飾区の砂原保育園は、年間計画に体験学習を位置付け、子どもたちは毎月森を訪れ、四季の自然のうつろいを実感する。近隣の小学校も、環境学習のためにいっそう頻繁にこの森を活用するようになった。教員の立てる教育目標にもとづき、市民グループSは自ら蓄積してきた環境教育プログラムを参考に、適切な教育プログラムを提案し、教員と相談する。成人学習としての自然観察会を受け入れる回数も増大した。学習ボランティアに精を出す市民グループSのメンバーたちはいっそう忙しくなった。千葉大学との連携も始まった。

(4) 残された課題

　道路建設という開発は、人間はもとより、虫も鳥も木々も草花も、先住していたすべての命あるものにたいして残酷なものだ。道路がつくられた夏以降、以前のような耳を劈かんばかりのセミ時雨を聞くことはなくなった。道路沿線は驚くほど空気が汚染され、騒音もひどくなった。

　市民グループＳは、昆虫が生きやすいようにと、緑地保全に努め、たとえば、ジャコウアゲハの繁殖のために、スズクサを育てている。

　運動の成功の陰に、大きな問題も残されている。森林を所有したり、管理したりしている個人や団体は、枝折れや枝のわずかな越境も許さない近隣住民の厳しい目に絶えずさらされている。緑の風や鳥のさえずりを喜ぶ住民も多いが、隣接住民のなかには、枝や木の伐採を要求する者もいる。加害者・被害者の関係でなく、同じ自然を共有する住民として折り合いをつけていく手立てはないものか。

　また高木の場合、枝の伐採は専門業者に依頼するしかなく、相応の費用がかかる。ここでは、倒木や枝折れなどの事故が近隣の家に与える被害に対応する、「安価な損保制度の創設が望まれる」[24]。さらに、地権者と保全団体と行政とのあいだで、クレームへの対処をめぐってのルールづくりが必要とされよう。

　市民グループＳや関さんの森を、海外からの研究者や学生も訪れる。生物多様性の観点から里山の保全がグローバルな課題であることの証といえよう。社会的共通資本としての里山の保全は、経済発展の持続性を可能にするとした宇沢弘文の指摘をもって、本稿の結びとしたい。

《注》

（１）　市民グループの会員は約120世帯で、参加者は年齢的にも、職業的にも多様である。男女ほぼ半々で、職業をもつ人もいれば、自由な立場の人もいる。活動等については、以下の拙稿に詳しい。関啓子（2010年）「環境教育の観点からのエコ・エコノミーの考察」「地球市民の環境学習」嶋崎隆編『地球環境の未来を創造する』旬報社

（２）　エコミュージアムとは、1970年頃にフランスに登場した博物館の取り組み

である。従来の伝統的博物館とは異なり、地域の人々の生活と文化を、その歩みの歴史も含め、生活の場でそのまま保存し、展示する新しい試みである。散策できる空間に恵まれていることが必要だ。地域の生活者・市民たちが自ら、自然遺産と文化遺産を保護しつつ、育成し、ミュージアムを運営する。市民グループ「関さんの森を育む会」は「関さんの森エコミュージアム」というグループをつくり、「関さんの森」の自然と文化と歴史を、広く多くの人々に、味わい、楽しんでもらおうと企画したのである。

（3） 箕浦康子編著『フィールドワークの技法と実際Ⅱ』ミネルヴァ書房、2009 年、61 頁

（4） 同上。

（5） Greenwood, D., Levin, M. 2007 *Introduction to Action Research 2nd Edition / Social Research for Social Change*, p.64

（6） 秋田喜代美・藤江康彦編『はじめての質的研究法』東京図書、（2007 年 / 2009 年）、248 頁

（7） Lave, J. & Wenger, E., 1991, *Situated Learning: Legitimate Peripheral Participation*, Cambridge University Press. 佐伯訳『状況に埋め込まれた学習――正統的周辺参加』産業図書、1993 年

（8） 田中俊也「状況に埋め込まれた学習」赤尾勝己編『生涯学習理論を学ぶ人のために』世界思想社、2004 年、186 頁

（9） 田中・前掲書・186 頁

（10） 山住勝広「活動理論・拡張的学習・発達的ワークリサーチ」2004 年、赤尾・前掲書・204 頁　エンゲストローム、Y ／ 山住勝弘他訳『拡張による学習――活動理論からのアプローチ』新曜社、1999 年

（11） ユーリア・エンゲストローム『拡張による学習』山住勝広・松下佳代・百合草禎二・保坂裕子・庄井良信・手取善宏・高橋登訳、新曜社、1999 年

（12） アンドリュー・ドブソン『シチズンシップと環境』福士正博・桑田学訳、日本経済評論社、2006 年、112 頁。なお、シチズンシップの展開についてドブソンは、T. H. マーシャル の『シチズンシップと社会的階級及び他の諸論文』（1950 年）によっている。

　　　Marshall, T. H.（1950）, *Citizenship and Social Class and Other Essays*, Cambridge University Press.

（13） ドブソン・前掲書・169 頁

（14） ある定まった人口や物質水準を永続的に維持するために必要な土地（水域）面積。Wackernagel and Rees 1996, p.158

（15） ドブソン・前掲書・178 頁

(16) 國分功一郎『来るべき民主主義』幻冬舎新書、2013 年、94 頁
(17) 中村良夫「まちニハ考」『季刊　まちづくり』No. 42 号、2014 年、13 頁
(18) 中村良夫「山水都市の運命を担う市民社会」中村良夫・鳥越皓之編『風景とローカル・ガバナンス』早稲田大学出版部、2014 年、39 頁
(19) イーフー・トゥアン『空間の経験　身体から都市へ』山本浩訳、ちくま学芸文庫、(1993 年/2007 年)、101 頁
(20) トゥアン・前掲書・29 頁
(21) 中村良夫「山水都市の運命を担う市民社会」中村良夫・鳥越皓之編『風景とローカル・ガバナンス』2014 年、41 頁
(22) 中村良夫「まちニハ考」『季刊　まちづくり』No. 42 号、2014 年、8 頁
(23) 國分功一郎・前掲書・196 〜 197 頁
(24) 中村良夫・前掲書（『季刊　まちづくり』No. 42 号）・13 頁

第8章 実践主義的アプローチによる学校と地域の連携・協働

篠原　清昭（岐阜大学）

　近年、学校と地域の連携・協働については、学校支援地域本部事業や学校運営協議会など、学校運営への支援や参加をシステムとして法化する制度主義的な方法が政策的に先行している。しかし、こうした制度主義的アプローチは、学校集団（教職員集団）と地域集団（保護者・住民）の双方の当事者の意識の次元で実質的に「連携」「協働」の関係を形成できるのか、検討を要する。

　たとえば、学校支援地域本部事業はドリルの採点補助、グランド整備や運動会のテント設営さらに通学路での旗振りなどを行うが、それは地域集団の「ボランティア」に依存する学校への一方向的な「支援」であり、必ずしも「連携」「協働」を予定するものではない。また、それは「奉仕」すなわち「神の意思（voluntas）」に従う「滅私奉公」を制度理念とするため、自己啓発・開発が同時に公共性を開く「活私開公」[1]につながる当事者の自己効力感・自己達成感の形成を制度的には予定していない。その意味では、学校支援地域本部事業は地域から学校への一方向的な奉仕的「支援」を求める制度主義的政策であるといえよう。

　一方、学校運営協議会は地域住民・保護者が学校運営に「参加」する制度として、教育課程の編成などに関する承認権や教員人事に関する意見具申権など一定の法的権限が付与されている。しかし、実際にはそれらの権限事項が審議されることは少なく、「熟議」も少ないといわれる。「先に権限ありき」の制度が逆に地域住民・保護者の「参加」を形骸化させているともいえる。また、学校運営協議会はその組織編制において純粋なシティズン（市民）ではなく地域のエージェント（組織代表）で構成されているため、

「階層に規定された参加の偏差、因習的な人間関係、成果主義的同調主義の三者が合流した地点」[2]にあるとも批判されている。

いずれにしても、制度主義的なアプローチは、パターン化された連携・協働システムを強制するもので、学校と地域の連携・協働の自生的な関係づくりに成功しているとはいえない。本稿では、そうした意味で学校と地域社会の連携・協働の可能性を実践主義的アプローチに求める。

1　実践主義的アプローチによる学校と地域の連携・協働の価値

実践主義的アプローチによる学校と地域の連携・協働とは、簡単には教育実践を通じた学校と地域の連携・協働をいう。具体的には、郷土教育、環境教育、キャリア教育さらにシティズンシップ教育など、学校教育の実践における教師と地域住民（保護者）の連携的・協働的授業づくりをいう。過去、ジョン・デューイはその著書『学校と社会』[3]により、学校が子どもたちにとって自発的な社会生活を営む「小社会」（地域社会の縮図）であり、そのため地域社会での日常生活の経験を拡大することが学校教育の役割であると主張したが、この実践主義的アプローチによる学校づくりは「再帰的」に学校と地域の連携・協働の在り方を考えるうえで有効であるといえる。以下、いくつか事例を示す。

(1) 郷土教育による学校と地域の連携・協働

図8-1は岐阜県高山市立朝日小学校の郷土教育の１つの授業である[4]。ここでは、同小学校の学区（日和田地区）の郷土資源（伝統文化資源）の１つである石仏「馬頭観世音」が教材化され、それが授業の単元として構成されている。この石仏は江戸時代当時同区の地場産業としての馬生産の地域経済的要素や農業に影響を与える飛騨の自然的要素さらに道祖神信仰という伝統文化の要素など、多面的な学習価値をもつ。子どもたちは総合的な学習の時間を利用した観察や調査さらにフィールドワークにより、「なぜ日和田にこのような石仏が多いのか」を「探求」し、「当時の日和田の人々の暮らし」を「想像」し、人々にとっての石仏の価値を「認識」し、さら

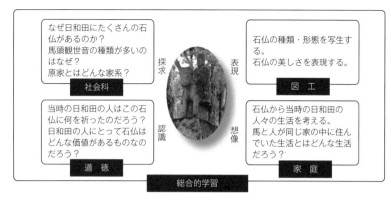

(篠原清昭「第1章 郷土教育の導入と農山村小規模校の活性化」岐阜大学・朝日中学校区活性化協議会編『学校と地域の総合的な活性化』生涯学習政策局「社会教育による地域の教育力強化プロジェクト委託研究」報告書 平成24年 19頁)

図8-1 郷土教育の実践例（「馬頭観世音」とは何？）

に石仏の美しさを「表現」するという探求的な学習を行う。この学習は単に知識（教科）や情動（道徳）ではなく探求や認識を通じて子どもたちの地域へのアイデンティティと社会意識を形成する。

　さらに、この郷土教育は日和田に住む多くの住民の学習支援に支えられている。彼らは、しかし、単に学習支援ボランティアではなく直接に授業づくりに参加し、教材開発のワークショップを組織し、自らの(生涯)「学習」を発展させ、新たな自己形成を遂げている。総じていえば、郷土教育の実践は学校（授業）づくりを方法とする地域づくりに機能しているといえる。

(2) 環境教育による学校と地域の連携・協働

　岐阜県高山市荘川町一色地区では地域の活性化策として地域資源の発掘とその保存のため、地域学習を方法とする環境教育を実践している[5]。詳細には、同地区を流れる荘川（付近）に生息する動植物（バイカモ、ホタル、イワナ、ヤマメ、アジメドジョウ、ササユリなど）の生態を子どもと住民が一緒に「集落歩き」をしながら観察し、「地域資源マップ」を作成している。この集落歩きにより子どもは住民から同地区に生息する動植物の生態と特徴を学び、さらにそれらの保全保護のための方法を考えるという実践を学んでいる。

重要なことは、この環境教育が子どもたちの学習であると同時に住民の（生涯）学習の機会であり、地区全体を大きな学習社会として構成していることにある。さらに、この学習社会が学校と地区の様々なアソシエーション（町内会、水路組合、結、子ども会、環境を守る会（NPO））の協働により組織化され、実践されているという点にある。この学習社会のなかにおいては、学校は文化資本や経済資本のみならず信頼関係や共通規範（価値）のネットワークとしてのソーシャル・ネットワーク（社会関係資本）と連携・協働しているといえる。

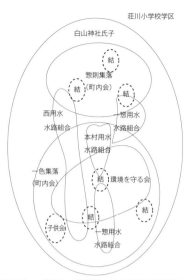

（矢吹剣一・野原卓・髙見亮介・李瑈「地域学習資源の再発見」日本学習社会学会第8回大会シンポジウム『新しい公共空間と学習社会』報告 2011年 PPT レジュメ）

図8-2　環境教育の実践例（連携・協働）

(3) シティズンシップ教育による学校と地域の連携・協働

　岐阜県郡上市では年1回市民協働センターの主催により「郡上市まちづくりフェスティバル」を開催し、そのなかで中学生による郡上の地域課題の解決のためのアイデアの発表会を行っている。中学生たとえば郡上市立八幡中学校の生徒はその発表会への準備の過程（総合的な学習の時間「ふるさと郡上の将来を考える」）で、八幡町の魅力や課題を考え、共通する内容ごとにグループを編成し、関係者にインタビューを行い、データを収集し、「町づくり企画書」を作成する。その企画は「八幡町で誰もができる運動会」「郡上の水の魅力を伝えよう」「郡上を元気にし隊」など広範囲に及ぶが、その学習は将来の「市民」としての資質・能力である「知識」「認識力」「参画力・実践力」を育成するシティズンシップ教育の特性をもつ[6]。

　さらに、その実践は校内においては市民性教育推進委員会を中心とした

写真8-1　郡上市まちづくりフェスティバルにおける中学生の研究報告

カリキュラム開発とマネジメントにより運営されているとともに、校外の郡上市市民協働センターを始め、郡上市役所企画課、地域協議会、商工会議所やNPOなどの外部機関の組織的支援と協働により展開され、学校と地域の協働による「地育地活」の実践が実行されている。それは、「公民的資質の基礎を養う」(学習指導要領)だけの「知識」ではなく、公共形成の主体となる市民としての参加と行動のスキルやリテラシーを実際に地域社会の開発に参加させることで「行動力」として養成するものであり、同時に地域社会の再生と発展に貢献する実践といえる。

2　実践主義的アプローチによる学校と地域の連携・協働の課題と方法

　しかし、実践主義的アプローチによる学校と地域の連携・協働の形成は実際にはそれほど簡単ではない。大きくは校内における教員の動機づけとカリキュラムマネジメント、校外においてはソーシャル・キャピタルの存在と支援、そして両者の融合的な連携・協働の体制づくりが重要となる。

ここでは、そうした意味から郷土教育を例として実践主義的アプローチの課題と方法を考えてみる。

郷土教育の実践は全国の状況をみると実際には低調である。学校現場の実践は、教科や道徳における個々の内容改訂への「対応」に止まり、「総合的な学習の時間」における「教科横断的な」実践や教育課程全体における年間指導計画は少ない。郷土教育は授業者である教師の郷土資源に対する認知・認識がなければ導入できない。この場合、郷土資源は人的資源・社会経済資源・伝統文化資源さらに自然資源に分類される。人的資源は文字通りヒューマン・リソースを意味し、郷土を形成・発展させる人々を指す。なお、そのなかには郷土の文化・発展に貢献した歴史上の偉人も含まれる。社会経済資源は、主に校区の産業（農業・林業・工業・観光業など）をいう。また、伝統文化資源は校区にある有形無形の歴史的伝統や文化資源、民謡・民話・踊りや遺跡などをいう。さらに、自然資源は校区の山・川とその景観や動植物などをいう。

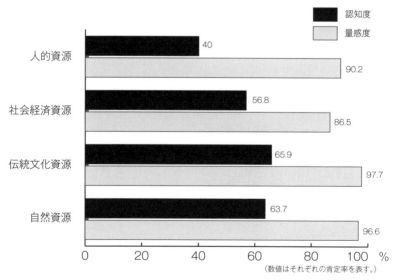

（篠原清昭「教師の意識にみる郷土教育の実態と課題—教師集団のアンケート調査—」『岐阜大学教育学部研究報告・教育実践研究』vol.16 2014年 63頁。）

図8-3 教師の郷土資源に対する認知度

この場合、教師にとって郷土資源は多くの場合自らの郷土の資源ではなく自身の勤務校の所在（勤務）地の地域資源であり、当然に資源に対する認知度は低い（図8-3）[7]。そのため、郷土教育の導入の初期段階においては教師自らが郷土資源を教材化するためのリサーチを行わなくてはならない。

　このリサーチは、児童生徒の郷土資源への意識を把握し、郷土資源の学習価値を把握することを目的とする。この点、教師と生徒の間での郷土資源に対する認識の差をどのように解消するかを課題とする。たとえば、図8-4 は生徒と教師の「郷土」の範囲に関する意識の結果を表すが、実際には両者には大きな認識の差をみることができる。

　詳細には、生徒集団は「郷土」の範囲を身近な「生活圏」や「校区」とイメージする傾向があるが、教師集団はより広範囲の行政区域である「（高山）市」や広範囲な「（飛騨）地方」とイメージする。こうした郷土の「範囲」に対するイメージは、小学校と中学校の「社会科」を中心としたカリキュラム（授業）の影響、さらにそれぞれの学校が置かれている土地の伝統的な地域文化への帰属意識などにより多様であるが、少なくともこれまでの学校のカリキュラムと実践が身近な「生活圏」や「校区」を教材化し

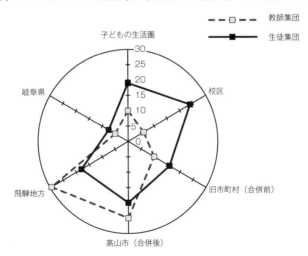

（図8-3の調査に加えて高山市立東中学校生徒へのアンケート調査を行った結果を比較。）

図8-4　教師と生徒の「郷土」認識の差

てこなかったことも事実としてある。いずれにしても教師集団は郷土教育の教材化に関しては児童生徒の生活圏・文化圏に近いエリアを中心に新たなカリキュラムの開発をしなくてはならないといえよう。

　郷土資源の教材化は次に学校全体のカリキュラムの開発とそのマネジメントを課題とする。それは、郷土教育の導入が個々の教師の内発的動機づけというパーソナルな次元から教師集団全体への共有化と協働化に発展することを求める。そのため、学校全体のレベルで郷土教育のカリキュラム開発のための組織化と教育計画化（重点目標づくり、年間指導計画づくり）を行わなくてはならない。たとえば、高山市立東山中学校は校内に新たに郷土教育推進委員会を組織し、同委員会を中心として郷土教育のカリキュラム開発を行った。そこでは各学年代表や各教科代表をメンバーとして、生徒の郷土意識や教師集団の教材意識を分析した。さらに、郷土教育に関する年間の教育指導計画案を既存の校務分掌上の組織である教科部会・道徳部会などに提案し、協議を求め、校内研修を通じて全体化し、最終的に成案化した。

　ここで重要なことは、実践的アプローチによる学校と地域の連携・協働は最初から学校内外の連携・協働のシステム（制度）を構想することではなく、学校サイド自らが教育実践の改善を自己変革として意識し、そのためのカリキュラムの組織的開発をスタートさせることであるといえる。

　学校と地域の連携・協働の「ボール」は学校の手中にあり、学校からボールを投げる動作を起こさないかぎり地域との「キャッチボール」（連携・協働）は始まらない。その意味では、学校と地域の連携・協働の実践はすべて学校からの起動によるといえる。

《注》

（１）　佐々木毅・金泰昌編『公共哲学７　中間集団が開く公共性』東京大学出版会、2002年、23頁
（２）　仲田康一「学区との連携・協働」篠原清昭編著『学校改善マネジメント』ミネルヴァ書房、2012年、267頁
（３）　デューイ著（宮原誠一訳）『学校と社会』岩波書店、1957年
（４）　詳細は以下の報告書を参照されたい。岐阜大学・朝日中学校区活性化協

議会共編『学校と地域の総合的な活性化』平成23年度文部科学省・生涯学習政策局「社会教育による地域の教育力強化プロジェクト」委託研究報告書、2012年、66頁～77頁
（5）　矢吹剣一・野原卓・高見亮介・李璠「Ⅱ．地域学習資源の再発見」『日本学習社会学会年報』第8号、2012年、8頁～13頁
（6）　篠原清昭・建石淳・市原隆行「農山村小規模校における学校活性化の戦略と戦術」『教師教育研究』第9号
（7）　図8-3は高山市内小・中学校全31校の管理職及び教諭（講師を含む）計540名を対象として行った郷土教育に関する調査（調査時期；2013年2月8日～21日、調査方法；調査票郵送法、回収数（率）；530（98.1％））の結果である。調査結果の全体については以下の論文を参照されたい。篠原清昭「教師の意識にみる郷土教育の実態と課題―教師集団のアンケート調査―」『岐阜大学教育学部研究報告・教育実践研究』vol.16 岐阜大学教育学部　2014年、61頁～71頁

第9章 学習社会構築に関わる施策と行政の現状と課題
インフラとしての学校施設整備の視点から

堀井　啓幸（常葉大学）

はじめに

　「病院もスーパーもない町で、どう生活できるのか。……早期帰還に突っ走るのもいいが、時には被災者の方を振り返ってみたらどうか」（静岡新聞朝刊、2016年3月11日）。
　福島第一原発事故で全町避難を強いられた浪江町から袋井市の公営住宅に移ってきた避難者の声である。この言葉は東日本大震災以後、行政が被災者の生存権をどのように保障すべきか（すべきだったのか）、その難しさを端的に表している。
　今日、地域の多様な課題解決に向けて、指定管理者制度の導入、NPOとの連携などを含めて、多面的、多角的に生涯学習施策が展開されている。しかし、学習社会構築の原点は生存権同様に基本的人権のなかでも最も基本的な権利としての学習権保障である。被災者の視点に立った身近なインフラ整備が問われるのと同様に、学習社会構築に関わる学習権保障はどうあるべきか。いつでもどこでも誰でも学べる環境は整っているのか、生涯学習施策の足元を率直にみつめることが求められる。本稿は、その量と質において、多面的、多角的に展開されてきた学習社会構築に関わる施策と行政の現状と課題について、身近なインフラとしての学校施設に焦点化し、その開放と複合化を手掛かりにして考察するものである。

1 学習社会構築に関する生涯学習施策の地平

　学習社会とは何か。本学会の設立趣意書（「学会の目的」）では、以下のように述べている。

　　「21世紀には、自律（自立）と共生を目指し、人間が生きることを実感できる社会の仕組みが求められ、その仕組みづくりに寄与し、それを発展させるにふさわしい学習形態の構築が重要な課題になると考えられます。そうした新しい学習の形が構築された社会を『学習社会』と呼ぶことができます」

　学習社会（learning society）は、ハッチンズ（Robert M. Hutchins）が自著で述べたことをきっかけにして使用されるようになった言葉である。わが国の生涯学習関連の答申においては、生涯学習と生涯教育の違いを明示した中央教育審議会答申「生涯教育について」（1981年6月11日）において、以下のように述べられている。

　　「我が国には、個人が人生の比較的早い時期に得た学歴を社会がややもすれば過大に評価する、いわゆる学歴偏重の社会的風潮があり、そのため過度の受験競争をもたらすなど、教育はもとより社会の諸分野に種々のひずみを生じている。今後、このような傾向を改め、広く社会全体が生涯教育の考え方に立って、人々の生涯を通ずる自己向上の努力を尊び、それを正当に評価する、いわゆる学習社会の方向を目指すことが望まれる」

　今日、学習社会は「『いわゆる』と表現するほど通常化しているわけではない」[1]。ただ、この答申では「学習社会」は目の前にある学歴偏重の社会を転換する際の目標概念として捉えられている。すなわち、学習社会構築の基本的指標として、今日の学校のあり様を生涯学習の視点から問いなおすことが大切なのである。

ちなみに、国レベルでは、教育基本法第3条の規定をふまえ、以下のような生涯学習振興施策が進められているという（文部科学省『平成23年度文部科学白書』2012年6月、64頁）。

- 「学校支援地域本部」や「放課後子ども教室」など地域ぐるみの子どもたちの教育支援活動の取組の支援や、地域の学習拠点である公民館や図書館の充実など社会教育の振興。
- 家庭教育支援チームの組織化など家庭教育を支援するための取組や、青少年の健全育成のための取組の推進。
- 大学における公開講座の実施や、放送大学の充実・整備、専修学校の振興など、多様な学習機会の提供。
- 高等学校等卒業程度認定試験の実施や、民間教育事業の質の向上など、学習した成果の適切な評価とその活用の促進。
- 高齢社会への対応や人権教育の推進、男女共同参画社会の形成に向けた学習活動の振興など、現代的な課題への対応。

　総体としての生涯学習関連施策は、極めて幅広く、文部科学省の所管する施策だけでなく、関係省庁や都道府県における生涯学習振興施策など多岐にわたっている。また、「学習人口」に具体的に示されるように、垂直軸としての「生涯にわたる」学習、水平軸としての「あらゆる機会」「あらゆる場所」で生涯学習が行われており、多面的、多角的に拡がる生涯学習関連施策の現状と課題を概括するのは難しい。あえて白書などからその内容を概観すれば、わが国の生涯学習施策は、職業教育よりも教養型の講座が多く行われており、生涯学習の基盤としての学校教育への支援や子どもや家庭への支援を重視していることに1つの特徴をもっているといえよう（「学習人口の現状」『平成26年度文部科学白書』2015年8月、405頁参照）。

　量的整備の側面からいえば、委縮気味にみえる社会教育施設による生涯学習の環境整備に対して（公民館や社会体育施設など社会教育施設は、文部科学省「平成23年度社会教育調査」では平成20年度調査に比較して3300施設減少している）、「学校教育と社会教育の接近」[2]が生涯学習施策の特徴として挙げられる。接近という点では社会教育講座などの単位化というベクトルもあるが、学校施設開放や大学開放講座、夜間大学など学校教育を社会人に開放し、学校支援地域本部事業やコミュニティ・スクールなどいわゆ

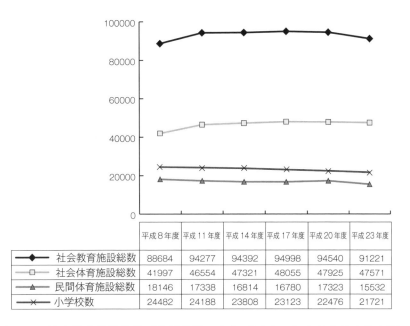

図9-1　社会教育施設数及び小学校数の変化（平成23年度社会教育基本調査及び文部科学統計要覧より筆者作成）

る開かれた学校のベクトルとして「学校の生涯学習化」施策が進んでいる。しかし、平成20年度をピークとした人口減少があるとはいえ、社会教育施設だけでなく、学校統廃合などによって小学校など学校施設が全体として減少する生涯学習環境の下で、今日の学校は学習権保障を前提にした身近な生涯学習のインフラとなりえているか問われている（図9-1）。

2　学校開放・学校施設複合化にみる生涯学習の基盤整備の現状と課題

(1) 学校開放の現状と課題

平成20年度に実施された文部科学省の調査結果によれば、わが国の体育・

スポーツ施設に占める公共スポーツ施設の割合は24.1％に過ぎず、それに対して、学校体育・スポーツ施設は61.2％に達する。こうした状況は、諸外国に比べて公共のスポーツ施設が不足していると指摘される反面、小学生から毎日通える地理的範囲に体育館、グラウンド、プールなどを保有している学校があることでまさに生涯学習の基盤が身近に整備されていると捉えることもできる（文部科学省スポーツ・青少年局スポーツ振興課『学校体育施設等の有効活用実践事例集』2012年3月参照）。しかし、公共のスポーツ施設が不足している分、こうした学校体育・スポーツ施設を生涯学習資源として大人も気軽に使えるようになっているかが問われよう。そこで問題になるのが学校開放の実施状況である。

　文部科学省の調査（「体育・スポーツ施設現況調査」2008年10月1日現在）によれば学校施設の開放を行っている市町村は全国の98.3％であり、小・中・高等学校等を平均して、体育館の開放率は87.3％、屋外運動場の開放率は80.0％と高い割合を示している。しかし、開放率は横ばい、あるいは減少の傾向にあり、住民や利用団体が運営委員会などを組織して管理を行っている小学校は平成19年度実績で23.7％であり、当該学校の校長が管理責任者になっている学校は17.2％もある（前掲、文部科学省スポーツ・青少年局スポーツ振興課『学校体育施設等の有効活用実践事例集』に所収のデータ）。

　体育施設の地域住民への開放は、1976（昭和51）年6月26日の文部事務次官通知「学校体育施設開放事業の推進について」において、学校体育施設開放事業の実施主体および管理責任が教育委員会にあることが明記されたことをきっかけに促進されたが、学校にかかる負担は必ずしも軽減されていない。古いデータではあるが、生涯学習に熱心な新興住宅地における学校開放の調査では[3]、学校開放の許可から開放時の管理運営まで当該校の教頭の関与する割合は高く、かなり負担がかかっている状況をみることができた。学校教育法第137条や社会教育法第44条に規定されるように、社会教育のために積極的に学校施設の開放をうたっていても、「学校教育上支障がない限り」という点において、学校が関わらざるを得ない状況にあるのは仕方がないのかもしれないが、学校に依存する体質は変わっていないといっても過言ではない。結果的に、開放範囲（空間）、開放時間の拡がりに限界が生じ、利用手続きの煩雑さなどで地域住民に「使いにくさ」

が生じている。学校開放は学社連携の唯一の制度として古くからあるものの、学習社会構築の柱になり得ているかといえば、まだまだ捉え直しが十分とはいえないのである。

　生涯学習構想の柱として、学校開放事業を推し進めている地方自治体の生涯学習施策には、学校開放の位置付けについて「生涯学習施策の不足を補う」としてしか捉えられていない場合も少なからずある。また、国における学校開放関係事業の予算を概観しても水泳プールに対する補助にスポーツ振興法による恒久的な財源措置がなされている以外は相変わらず予算補助で執行されており、その出所も多様である。学校開放が地域住民の学習権保障を前提にしたインフラとして身近な生涯学習環境として機能するためには、学校開放事業予算の体系化、統合化も含めた財政基盤を確立することを前提に、何のための学校開放なのか学社ともに再検討することが求められる。今、求められるネットワーク型行政は素朴に自治体内部の学校教育、社会教育、生涯学習部局などのコミュニケーションを積極的に図ることから始まるのである。

(2) 学校施設の複合化と生涯学習

　教育基本法をふまえて策定された第2期教育振興基本計画（平成25〜29年度）において、教育を支える環境整備として「良好で質の高い学びを実現するための教育環境の整備」の重要性が指摘され、そのなかで「地域の生涯学習の拠点」となるように学校施設の複合化が提言されている。学校施設の複合化は、生涯学習構想において、学校施設の独自的機能を重視する学校施設の部分的開放という視点から、公共施設の1つとして学校施設をまるごと開放し、地域における総合的かつ体系的な生涯学習環境の創造に寄与するものとして捉えようとする視点への発想の転換を内包する。

　これまでも「生涯学習体系への移行」などを提言した臨時教育審議会答申をふまえて、文部科学省がまとめた「文教施設のインテリジェント化について」（1990年3月）や「学校施設の複合化について」（1991年2月）、「学習環境の向上に資する学校施設の複合化の在り方について―学びの場を拠点とした地域の振興と再生を目指して―」（2015年11月）など調査研究協力者会議の報告や提言がなされてきた。

特に「学校施設の複合化について」では、「生涯学習の振興のための施策の推進体制等の整備に関する法律」（1990年法律第71号）の施行や週休2日制の普及を背景にして、地域における総合的な生涯学習を推進するとともに学校教育環境の質的な向上を図るための複合化であることが明記された。最近では、東日本大震災の被害をふまえた学校施設の整備に関する検討会の緊急提言「東日本大震災の被害を踏まえた学校施設の整備について」（2011年7月7日）において、地域の拠点としての学校施設機能の確保として、「教育機能のみならず、あらかじめ避難場所として必要な諸機能を備えておくという発想の転換が必要である」として、備蓄倉庫の確保など学校施設の防災機能の向上、防災担当部局との連携、地域の拠点としての学校を活用するための計画・設計などが提言されている。すなわち、生涯学習のみならず、地域住民の生存権に関わって学校施設の複合化が提言されているのである。

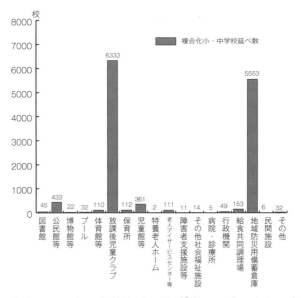

図9-2　複合化した小・中学校延べ数（「学習環境の向上に資する学校施設の複合化の在り方について」2015年11月所収のデータより筆者作成）

すでに、「地域・学校連携施設整備事業」として学校施設の複合化にはその費用の3分の1の国庫補助（平成28年度まで）がつけられており、平成26年5月1日時点における複合施設化した公立小・中学校（社会教育施設、社会体育施設、児童福祉施設、老人福祉施設などの公共施設を同一敷地内に併設したり、一体の建物として複合的に整備したりしている学校）は10,567校あり、公立小・中学校全体の約35%を占めている。特に放課後児童クラブと複合化している学校（6,333校）や地域防災用備蓄倉庫と複合化している学校（5,553校）が増えており、余裕教室も積極的に活用されている（図9-2）。
　今後、少子化や学校施設の老朽化などと関わって小中一貫校化や学校の統廃合が進むことを視野に入れると学校施設の複合化が加速する可能性もある[5]。
　当初、答申などで示されたように学校施設複合化の主な理念は生涯学習への対応と情報化社会への対応である。すなわち、学校を多角的に多様に利用できるように施設・設備を充実することで、児童・生徒の学習のみならず、地域住民の生涯学習環境の整備が可能になる。また、コンピュータの導入、情報のネットワーク化を図ることで、学校が地域の情報発信基地やコミュニティ形成の核になることもできる。特に、「おらが学校」という意識をもちやすく、徒歩ないし自転車でいける、いわゆる第一次生活圏にある小・中学校の複合化はその意義も大きい。
　しかし、学校施設の複合化は人々の生涯学習を促す環境となりえているのかもう一度見直す必要がある。現状では、学校の生涯学習への対応や情報化社会への対応が遅れており、学校施設の複合化は「合築」の域を越えるのが難しいようだ[6]。逼迫した地方財政の下で、学校施設の複合化は経済効率性だけが優先され、学校独自の教育機能を損なう危険性や地域の生涯学習の充実と結びつかないという危険性も有している。学校だけでなく、個々の公共施設が有する固有の機能を明確にし、どこまで機能連携が可能かを十分検討したうえで、公共施設を整備し、運営していくという生涯学習的視点をもった公共施設マネジメントが喫緊に検討されなければならない[7]。

3 「せめぎあい」を前向きに活かすためのネットワーク型行政

(1) インフラを活かすソフトとしての学校支援地域本部事業

　文部科学省では、平成20年度より、地域住民がボランティアとして学校の教育活動をサポートする体制を整備する「学校支援地域本部事業」を実施しており、各地域において、授業の補助、読み聞かせや環境整備、登下校パトロールなど学校や地域の実情に応じ、様々な活動が行われている。今日の学校運営協議会をもったコミュニティ・スクールにおいては、学校支援地域本部事業がその運営基盤になっていることが多い。

　文部科学省・学校支援地域活性化推進委員会が作成したリーフレット『「みんなで支える学校 みんなで育てる子ども」―「学校支援地域本部事業」のスタートに当たって―』（2008年7月1日）では、学校支援地域本部のねらいについて教育基本法第13条の具現化として以下の3点を挙げている。

① 教員や地域の大人が子どもと向き合う時間が増えるなど、学校や地域の教育活動のさらなる充実が図られること
② 地域住民が自らの学習成果を生かす場が広がること
③ 地域の教育力が向上することが期待されること

　事業内容そのものはわかりやすいが、学校教育に地域住民を取り込むことや学社連携（融合）を図ることはこれまでも簡単なことではなかった。特に、専門家集団としての学校という立場からみると、教育課題が山積みしているにもかかわらず教育関係予算は増えず、なぜ、社会教育に予算がつけられて「学校支援」なのか不信感もあるようだ。その点、第一義的に学校支援をうたうこの事業が社会教育関連予算がつけられた補助事業として、総合政策であることに留意しなければならない。見方を変えれば、学校支援地域本部事業を教育行政が政策課題として担ってきた公共領域の教育システムを問い直すという意味でのガバナンス改革として捉える必要がある[8]。また、学校支援のためにボランティアの活用が実践的に問われていることから、NPOとの積極的な連携も含めたインフォーマルな社会システムのあり様も問われよう。それは、学校教育への保護者・地域住民

の参加の問題として具体的に問われなければならない。すなわち、学校支援地域本部事業には、学校支援を第一義にしながら、地域住民の生涯学習の成果を生かす場とも考える学社連携の「せめぎあい」がある。こうした「せめぎあい」は、学校開放事業や学校施設の複合化などでもみられたものであり、学習社会構築へ向けての施策の在り方に関わって、自覚的に、実践的に問いなおされなければならないのである。

　中教審答申「新しい時代の教育や地方創生の実現に向けた学校と地域の連携・協働の在り方と今後の推進方策について」（2015年12月）では、「地域とともにある学校」に転換していくための持続可能な仕組みとしてコミュニティ・スクールを捉え直し、「地域学校協働本部」の整備や「コミュニティ・スクールと地域学校協働本部が相互に補完」する仕組みが提言されたところである。学校支援ボランティアが学校教育を支援するだけではなく、そこに関わる地域住民が生涯学習の成果を発揮し、地域そのものが活性化するためには、個別学校の努力だけでは難しく、地域性をふまえた行政の積極的できめ細やかな支援が求められる。

(2) 「せめぎあい」を活かすネットワーク型行政

　教育基本法が改正され、特に第13条では、学校、家庭及び地域住民等の相互の連携協力について、「学校、家庭及び地域住民その他の関係者は、教育におけるそれぞれの役割と責任を自覚するとともに、相互の連携及び協力に努めるものとする。」と規定された。この理念は、教育委員会の仕事として、「社会教育における学習の機会を利用して行った学習の成果を活用して学校、社会教育施設その他地域において行う教育活動その他の活動の機会を提供する事業の実施及びその奨励に関すること」（社会教育法第5条の15）が明示されたことにつながっている。「出向いていく」社会教育への転換である。

　中央教育審議会答申「新しい時代を切り拓く生涯学習の振興方策について―知の循環型社会の構築を目指して―」（2008年2月19日）では、「社会全体の教育力の向上―学校・家庭・地域が連携するための仕組みづくり―」として、具体的に、地域社会全体での目標の共有化と並んで、「連携・ネットワークと行政機能に着目した新たな行政」の展開などが求められてい

る。しかし、身近な生涯学習インフラとしての学校開放や学校施設の複合化、そして学校支援地域本部事業などの現状からいえば、「連携・ネットワークと行政機能に着目した新たな行政」の主体や方法論がわかりにくく脆弱になっている。

　ちなみに、生涯学習社会におけるネットワーク型行政の必要性について、最初に述べられたのは、生涯学習審議会答申「社会の変化に対応した今後の社会教育行政の在り方について」(1998年9月17日) である。この答申では、ネットワーク型行政の必要性に関わって、「生涯学習社会においては、人々の学習活動・社会教育活動を、社会教育行政のみならず、様々な立場から総合的に支援していく仕組み (ネットワーク型行政) を構築する必要がある」こと、そして、「社会教育行政が生涯学習振興行政の中核として、学校教育や首長部局と連携して推進する必要」性を述べている。現状では中核となるべき社会教育行政の生涯学習振興における位置付けが明確になっているとはいえず、虫食い的ネットワークになることも懸念される。こうした状況は、社会教育行政の問題というよりも行政全体の問題である。実際には、臨時教育審議会答申において提唱された「生涯学習体系への移行」がその後の規制緩和や生涯学習事業の首長部局化などの流れのなかで地域によってその推進に格差がみられるようになったことが指摘されている[9]。

　前掲、生涯学習審議会答申とほぼ同じ時期に答申された中央教育審議会答申「今後の地方教育行政の在り方について」(1998年9月21日) では、「地域における生涯学習の振興は、住民の自発性を尊重しつつ、各地域が主体性を発揮しながら進めるべきもの」としながらも、「ⅰ教育委員会が地域全体の教育機能向上のために必ずしも十分な役割を果たしていない、ⅱ地域コミュニティの拠点としての学校・公民館の活用が十分でない、ⅲ地方公共団体にとって極めて大きな行政課題となっている地域コミュニティの育成や地域振興に必ずしも積極的でなく、十分に寄与していない、ⅳ首長部局や民間団体・事業者等との連携が必要である」などの指摘がなされている。これらの指摘は、自律的な学校経営が求められ、教育委員会改革が進みつつある今日においても変わらない課題といえる。「新しい公共」の創出のために、生涯学習の基盤として身近にある学校の機能をハード、ソフト両面からもう一度見つめ直すことが生涯学習行政施策の基盤的な課題

といえる[10]。

《注》
(1) 新井郁男「学習社会の実現に向けて」『日本学習社会学会年報』第1号、2005年、5頁
(2) 佐藤晴雄『生涯学習と社会教育のゆくえ』成文堂、1998年、52頁〜61頁。佐藤は、学校週5日制導入に関わる文部科学省の事業の事例から、「学習行動の相対化と多様化」「学校教育と社会教育の接近」「行政の一体化と広域化」の3点を生涯学習におけるボーダレス現象として指摘している。石井山は、教育基本法改正に伴う社会教育法改正の最大の特徴は、学校との連携づくりにいっそうの政策的力点が置かれていることを指摘している（石井山竜平「社会教育行政と公共主体形成」日本社会教育学会編『自治体改革と社会教育ガバナンス』東洋館出版社、2009年、48頁）。
(3) 拙稿「学校開放と生涯学習体系―A市小・中学校における学校開放の調査から―」『日本生涯教育学会年報』第9号、1988年
(4) 拙稿「生涯学習をサポートする学校施設整備・管理運営」永岡順・小林一也編『新学校教育全集25　学校施設・設備』ぎょうせい、1995年、281頁〜300頁を参照のこと。
(5) 文部科学省「公立小学校・中学校の適正規模・適正配置等に関する手引―少子化に対応した活力ある学校づくりに向けて―」（2015年1月27日）においても、統合に伴う学校施設の新増築または改修する場合の1つの手段として学校施設の複合化が示されている。
(6) わが国最初のPFI事業によって建築された小学校と公民館・図書館と複合した事例では、建築当初から「小学校及び地域開放施設」としてのコンセプトが明確であり、民間による社会教育施設の運営という学校を生涯学習施設として有効に活用するためのマネジメントが導入されたが、学校安全に関わる教育行政・管理運営会社と学校との間のパートナーシップの確立の難しさがあった。拙稿『生涯学習をサポートする複合的な学校施設と学校の安全管理の調和システム構築の研究』平成15・16年度科学研究費補助金（基礎研究C2）研究成果報告書、2005年3月
(7) 学校施設の在り方に関する調査研究協力者会議「学習環境の向上に資する学校施設の複合化の在り方について―学びの場を拠点とした地域の振興と再生を目指して―」（2015年11月）において、学校施設の複合化との関わりで公共施設マネジメントの必要性を述べているが、前提として、学校施設の老朽化への対応、学校の情報化機能等の充実が求められる。

（8） 小松茂久は、「従来からの国、中央官庁、自治体などのガバナントと呼ばれる組織や機構を中心に政治や行政を考えるのではなく、より範囲を広げ」ることで、新しい「市民的公共性」に注目している（小松茂久「教育ネットワーク支援のための教育行政システムの構築」日本教育行政学会『日本教育行政学会年報・30』2004 年、4 頁～5 頁）。中教審答申「新しい時代の教育や地方創生の実現に向けた学校と地域の連携・協働の在り方と今後の推進方策について」（2015 年 12 月）では、「地域とともにある学校」に転換していくための持続可能な仕組みとして、「地域学校協働本部」の整備や「コミュニティ・スクールと地域学校協働本部が相互に補完」する仕組みが提言されたが、「市民的公共性」の理念とわが国の学校と家庭・地域の現実の「間」をどう埋めるかが問われている。

（9） 菊川律子は、「規制緩和の流れのなかで生涯学習を推進する中核としての社会教育行政が充実していった自治体と逆に社会教育行政の焦点が曖昧になったところと格差を広げる傾向を見せていた」と指摘する（菊川律子「社会教育法等の改正に思う」文部科学省『文部科学時報』平成 20 年 9 月号、2008 年 9 月、8 頁）。

（10） 中央教育審議会教育課程企画特別部会は、「論点整理」（2015 年 8 月 26 日）において、2030 年の社会や「社会を生き抜く」（第 2 次教育振興基本計画）子ども像を見据えた新たな教育課程の在り方として「社会に開かれた教育課程」像を提示した。アクティブ・ラーニングの積極的導入など学校教育のソフト面の改革として注目したい。

第10章 学習社会における教師の専門性

佐藤　千津（東京学芸大学）

はじめに

　2015年12月に中央教育審議会（中教審）の3つの答申がまとめられた[1]。翌2016年1月には3答申の具体化を推進するために「『次世代の学校・地域』創生プラン」が文部科学省によって策定され、学校と地域が一体となった取り組みが進められようとしている。3答申は相互に関連する内容を含んでいるが、本稿では学校の教師の専門性の観点から「これからの学校教育を担う教員の資質能力の向上について〜学び合い、高め合う教員育成コミュニティの構築に向けて〜（答申）」（以下、「育成答申」と略す）、および「チームとしての学校の在り方と今後の改善方策について（答申）」（以下、「チーム学校答申」と略す）の2答申の内容を検討しながら、学習社会における教師の専門性について考えてみたい。

　「育成答申」では新しい教育課題への対応と教員政策[2]の重要性が改めて指摘されている。主な提案の1つが「教員育成協議会（仮称）」による「教員育成指標」の策定とそれに基づく教員研修機会の拡充である。教師の専門性の観点からいえば「教員育成指標」の策定と密接に関連するのが「チーム学校答申」による「チーム学校」構想であろう。

　本稿では「教員育成指標」策定と「チーム学校」構想に着目し、今の日本の教師に求められていることや、そのために検討されている仕組みの意味や目的について、イギリス[3]の取り組みも参照しながら考察してみたい。

1　教師の「質」を規定するとは──問題の所在

　当該の社会でどのような教師が「良い教師」なのか、教師に求められる資質能力、専門性がどのようなものか、といったことは何に示されているのだろうか。「育成答申」は教師の「資質能力の向上」がテーマであるから、まず答申において定義される教師の資質能力を確認しておきたい。

　「育成答申」の３年前に公表された2012年の中教審答申「教職生活の全体を通じた教員の資質能力の総合的な向上方策について（答申）」（以下、2012年答申という）と比較して、その違いに注目したい。2012年答申では教師の資質能力を次の３つの観点から捉えている。つまり、(1)教職に対する責任感、探究力、教職生活全体を通じて自主的に学び続ける力（使命感や責任感、教育的愛情）、(2)専門職としての高度な知識・技能、(3)総合的な人間力（豊かな人間性や社会性、コミュニケーション力、同僚とチームで対応する力、地域や社会の多様な組織等と連携・協働できる力）の３点である[4]。

　「育成答申」では、これら「不易」の資質能力は必要だとしたうえで、「学び続ける教員像」の確立に向け、「自律的に学ぶ姿勢」をもち、資質能力を「生涯にわたって高めていくことのできる力」や、「常に探究心や学び続ける意識を持つこととともに、情報を適切に収集し、選択し、活用する能力や知識を有機的に結びつけ構造化する力」を新たに加えている[5]。

　さらに、教育課題の複雑化・多様化に伴い、「一人の教員がかつてのように、得意科目などについて学校現場で問われる高度な専門性を持ちつつ、これら全ての課題に対応することが困難である」との認識から「『チーム学校』の考え方の下、教員は多様な専門性を持つ人材と効果的に連携・分担」することが必要であり、「学校作りのチームの一員として組織的・協働的に諸課題の解決のために取り組む専門的な力」を醸成することが求められている[6]。

　これらを整理すると教師に求められる資質能力は、(1)「不易」とされるもの、(2)「社会に開かれた教育課程」が必要とするアクティブ・ラーニングなどの視点による教育実践に必要な指導力、(3)「チーム学校」構想下で他のアクターとの組織的協働によって課題を解決する力、という３つの柱

に分けて考えることができる[7]。

　しかしながら、問題はこれが今の日本社会において一定の合意の下に共有された認識として存在していないということである。つまり、教師として求められる資質能力や専門性を公的かつ共通に規定する枠組みがないままに教師の「質」について議論するという状況が生じている。これは教員養成[8]の歴史とも密接に関わる問題で、これまでは多様な教員養成が多様な人材を教育界に輩出することに貢献してきた。しかし、教員養成の質の管理は実質的に個々の大学に委ねられているのが現状であり、教員養成の量的拡大にともなって質的差異が生じやすい仕組みになっていることが、日本の教員養成の課題の1つとして認識されている[9]。

2　教師の「専門性基準」とは

　こうした状況のなか、「育成答申」では「教員育成指標」の策定が提案され、関心が寄せられている。「教員育成指標」は、教員育成ビジョンの共有のため、「教員がキャリアステージに応じて身に付けるべき資質や能力の明確化」[10]を目指すものとされている。教育委員会と大学などが相互に議論して養成や研修の内容を調整するための制度として「教員育成協議会（仮称）」を国が創設し、「教員育成協議会（仮称）」において「教員育成指標」の策定について協議する。「教員育成指標」策定の大綱的指針を国が示し、それをもとに各都道府県が地域の実情などに合わせて学校種ごとに指標を作成し、教員養成から採用、研修の各ステージで用い、教師の育成における全国的な水準確保を行うとされている。

　「育成答申」では、それを主に採用と研修において策定・活用する意義と方策が示されているが、教員採用において望まれる教師像が明確にされれば、教員養成にも影響を及ぼすものとなり、そうした系統性も答申が打ち出す養成・採用・研修の一体改革においては意識されている。

　ところで、海外では"professional standards"を策定し、教師の専門性を定義するところが多くなっているが、「教員育成指標」はそれに近いイメージなのだろうか。もちろん「基準」や「スタンダード」と、「指標」[11]では機能に違いがあるうえ、「教員育成指標」のイメージが具体化されない

段階で無媒介に比較することは避けなければならない。しかし、教員養成部会における審議過程では、海外のスタンダードやルーブリックを例にして策定の必要性について意見が示されていた[12]。

海外諸国で策定されている"professional standards"は「専門性基準」や「専門職基準」と訳されることが多いが、その定義づけや用い方は国や地域によって違いがあるうえ、目的によっていくつかのタイプに分類することができる[13]。本稿では区別する必要がある場合を除き、教師や教師教育の「質」の枠組みを規定するスタンダードという意味で"professional standards"を「専門性基準」として捉えておきたい。言い換えれば、そこで求められる「教師」とはどのような教師なのかを示す枠組みであり、教師の専門職性（professionalism）[14]の内実を形成するものだといえよう。一定の教師像が描かれる点では日本の「教員育成指標」も似た機能をもち得ると考えられる。

教師の専門性基準の策定については、2005年のOECDによる『教員の重要性―優れた教員の確保・育成・定着―（Teachers Matter – attracting, developing and retaining effective teachers）』刊行以後、広く認識されてきた。日本でも個々の大学や教育委員会が教師として身に付けるべき能力を定義し、独自のスタンダードやアウトカム指標を作成する取り組みがみられるが、海外諸国のように国や州の共通基準として策定された専門性基準は存在しない。これについて佐藤学は「日本の教師教育が専門家教育としての体をなしていない最大の要因の一つは、養成においても採用においても研修においても評価においても、専門性基準（professional standards）が確立していないことにある」[15]と述べ、専門性基準の確立を教職の専門職化の前提条件としている。

学校を取り巻く環境や条件の変化が教師の専門性の再定義につながることは、ある意味で自然な流れではあるが、今の教師に求められている変化はどのようなものなのだろうか。次に「チーム学校」構想が教師の専門性基準策定においてもつ意味について検討してみたい。

3 教師の専門性と「チームとしての学校」構想の意味

「育成答申」と同じ日に「チームとしての学校の在り方と今後の改善方策について（答申）」（「チーム学校答申」）が出され、次のような「チームとしての学校」像が示された。

> 「校長のリーダーシップの下、カリキュラム、日々の教育活動、学校の資源が一体的にマネジメントされ、教職員や学校内の多様な人材が、それぞれの専門性を生かして能力を発揮し、子供たちに必要な資質・能力を確実に身に付けさせることができる学校」[16]

「チーム」が機能するには「教職員や学校内の多様な人材」がそれぞれの役割・責任をもち、業務を分担することが前提になるが、次の（a）から（d）の業務のうち、教師については（a）の業務、すなわち「学習指導、生徒指導、進路指導、学校行事、授業準備、教材研究、学年・学級経営、校務分掌や校内委員会等に係る事務、教務事務（学習評価等）」などに専念する体制がイメージされている[17]。

- 教員が行うことが期待されている本来的な業務（a）
- 教員に加え、専門スタッフ、地域人材等が連携・分担することで、より効果を上げることができる業務（b）
- 教員以外の職員が連携・分担することが効果的な業務（c）
- 多様な経験を有する地域人材等が担う業務（d）

「チーム学校答申」でも指摘されているように、日本の教師の職務範囲は諸外国に比べて広く、学習指導から生徒指導、部活動の指導から保護者対応まで行う。その範囲を絞ることは、教師の役割範囲や、教師に求められる資質能力、専門性をより限定して捉えることを意味している。また、教師に求められる専門性として抽出し、明示し得る「専門性基準」の策定

が容易になることを示唆するものでもある。

　その意味では「チーム学校」構想と「教員育成指標」は連動する仕組みでもある。教師の育成に関する共通指標の全国的な整備は、これまで存在しなかったシステムを実現するもので一定の意義が認められるが、はたして「教員育成指標」は教師の専門職化の要件になるものだろうか。

4　教師の「専門職化」と「専門性基準」

　質の高い教育を実現するため、教師の質への関心は国際的にも高い。質の高い教師を求める近年の教育改革に共通する課題が教職の「高度化」と「専門職化」ではないだろうか[18]。その「専門職化」の要件の1つに専門性基準の策定があり、教師教育の質保証という意味でも整備が進められてきた。今では欧米から東アジアまで多くの国・地域で教師の専門性基準が策定されている。しかし、それは本当に教師の専門職化を促してきたのだろうか。日本の「教員育成指標」はどうあるべきなのか。

　イギリスの取り組みにその手がかりを求めてみたい。イギリスでは4つの地域(イングランド、ウェールズ、スコットランド、北アイルランド)でそれぞれに教師の専門性基準(professional standards)が設けられている。このうち、ある意味で対照的なイングランドとスコットランドについて見てみたい。

　イングランドの教師の専門性基準は「教師の基準(Teachers' Standards)」として策定されている。「教師の基準」策定以前は、TDA (Training and Development Agency for Schools)[19]によって5種類の「教師の専門性基準(Professional Standards for Teachers)」がキャリアステージにあわせて策定されていた。これは教師のキャリア全体にわたる職業的専門能力の枠組みを定める基準で、(1)「職業上の特性(professional attributes)」、(2)「職業上の知識・理解(professional knowledge and understanding)」、(3)「職業上の技能(professional skills)」といった相互に関連する3領域ごとに内容が示されていた。

　たとえば、教員養成段階の基準としては「教員資格授与のための専門性基準と教員養成の要件(Professional Standards for Qualified Teacher Status and Requirements for Initial Teacher Training)」(20) があり、教員養成課程の履修者が「有資格教師の地位（Qualified Teacher Status）」、つまり教員資格を取得するために満たさなければならない 33 の「基準」と、大学などの教員養成機関が教育プログラムを提供する際に満たすべき 22の「要件」が示されていた。

　これら5種類の専門性基準を教師の専門職性の観点から分析したリンダ・エヴァンス（Linda Evans）によれば、この基準では教師が自らの教育実践を分析したり、論理的に考えたりすることよりも、何をいかに行うかが重視されているという(21)。エヴァンスは「専門職性（professionalism）」の主な構成要件を「行動要素（behavioural component）」「態度要素（attitudinal component）」「知的要素（intellectual component）」の3要件から説明するモデルを用いてイングランドの専門性基準を分類した。

　「行動要素（behavioural component）」は教師が「実際に何をするか」にあたり、仕事を行う時の手順や方法、そのアウトプットや生産性、達成度など、また「態度要素（attitudinal component）」は教師の認識、信念、見方、価値観、動機づけ、仕事への満足度やモラル、「知的要素（intellectual component）」は教師の知識・理解および知識の構造化に関するものである。エヴァンスは、教師のキャリアステージに応じた5種類の専門性基準を構成する個々の基準すべてをこの3つのカテゴリーに分類し、「行動要素（behavioural component）」に分類される基準が圧倒的多数であり、専門性基準がそれに偏っていることを示した。つまり、イングランドの専門性基準は「教師が何をどう考えてそのように行動したか」、あるいは「どのような態度で臨んだか」といったことより、「教師が何をするか」に焦点化されており、それが専門性基準から導かれる教師の専門職性の内実だと分析している。この傾向は、2012年の新基準で一層顕著になったのではないかと思われる。

　2010年5月に総選挙が行われ、労働党政権から保守・自民連立政権に代わったことで、専門性基準についても見直しがなされた。その結果、キャリアステージにかかわらず、あらゆる教師に適用される「教師の基準（Teachers' Standards）」が教育省（Department for Education）によって新たに策定されたのである。新基準は「前文」「第1部（指導に関する基準）」

「第2部（個人および職業上の行動基準）」の3部から構成され、第1部の指導に関する基準は次の8項目のみとなった[22]。それぞれ下位項目が設けられているとはいえ、以前のものと比べるとかなりシンプルである。

① 高い期待を設定して、子どもを励まし、動機づけを行い、やりがいを与える
② 子どもの充分な成長と成果を促進する
③ 教科とカリキュラムについての充分な知識を発揮する
④ 充分に構造化された授業を計画・実施する
⑤ すべての子どもの長所とニーズに対して、それに適した指導を行う
⑥ 評価を正確かつ生産的に活用する
⑦ 良好で安全な学習環境を確保するために子どもの行動を効果的に管理する
⑧ より広い職業上の責任を果たす[23]

基準の見直しについては、「研究に基づいた教職（a research-led teaching profession）」という教師像とは程遠いとする懸念が教員養成に関わる大学側から示されていたが[24]、確かに新基準は「子どもが何をどう学ぶか」という視点から教師の指導技術的側面に焦点化して教師の専門性を再定義するもののようにみて取れる。

イギリスの他の3つの地域の現行基準は、具体的な内容は別として、イングランドの2007年の専門性基準の3層構造によく似ており、それが1つの特徴ともいえるが、イングランドのそれのみが政権交代後に大きく変容し、教師に対する社会的期待を異にしているようにみえる。

以前のイングランドのように、スコットランドでも教師のキャリアステージに合わせて5種類の専門性基準が策定されている。イングランドの新基準と同時期に専門性基準の改訂がなされたが、教員養成において用いられる「登録基準（Standards for Registration）」[25]を例に取ると、(1)「職業上の価値と個人的コミットメント（Professional Values and Personal Commitment）」を中核に、(2)「職業上の知識・理解（Professional Knowledge and Understanding）」、(3)「職業的スキルと能力（Professional

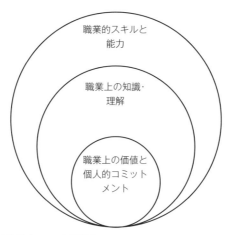

図10-1 「登録基準」の3層構造

出典：GTCS (2012) *The Standards for Registration: mandatory requirements for Registration with the General Teaching Council for Scotland*, p. 3 の図を基に筆者作成。

Skills and Abilities）」の3領域が重層化し（図10-1）、「職業上の知識・理解」には9の下位項目、「職業的スキルと能力」には10の下位項目がそれぞれ設けられ、2013年から施行されている。

　スコットランドの特徴は、教師の専門性基準がGTCS（General Teaching Council for Scotland）という教職の専門職団体によって策定され、教師の質の維持・管理が教師を中心とする教育関係者によって自律的に行われていることである。GTCSは、Teaching Council (Scotland) Act 1965に基づき、教育関係者が教師に関する諸事項（教師の資格、養成、研修など）を管理するために設けられた団体である。スコットランドの公立学校に勤務する教師はGTCSに登録することが義務づけられ、その登録料で運営されている。2012年4月には政府から完全に独立した組織になった[26]。この独立に伴い、それまではスコットランド大臣が有していた教員養成プログラムの認定およびその取り消しに関する権限がGTCSに付与されたことは特筆すべきであろう。

　日本やイングランドと同様に、スコットランドにおいても教師教育改革はより大きな教育改革の一環として行われてきた。たとえば、学力観や学

習観の変化を背景としたカリキュラム改革によって「卓越へのカリキュラム（Curriculum for Excellence）」が2010年から本格実施されているが、教師教育改革はそうした教育改革のなかで捉えられる。「卓越へのカリキュラム」は、3歳から18歳を対象とした学校教育の法定カリキュラムで、(1)生涯にわたる学習の基盤形成、(2)教科横断的で学際的な学習の重視、(3)生活における経験の重視、といった特徴をもち、学校や地域の実態や学習ニーズに合わせて教師がカリキュラム開発を行えるように工夫されている[27]。新しいカリキュラムの枠組みと教師の専門性の再定義が密接に関連している点は今の日本と状況が似ている。

　しかしながら、スコットランドの教師に求められる役割は、教育そのものを自ら変革し得る主体としてのそれである[28]。そのため、これまで以上に教師の「専門的探求（professional enquiry）」能力が重視され、すべての専門性基準のベースラインとなる「登録基準」の「職業上の価値と個人的コミットメント」では「専門職性と協働的実践の中核として生涯にわたる研究、学習、専門性の向上、リーダーシップに取り組むこと」[29]が求められ、この考え方はすべての基準に貫かれている。2014年から義務化された入職後の専門的成長を確かなものにするための「プロフェッショナル・アップデート（Professional Update）」制度と連動させることで、教師による個々の研究というレベルの取り組みから、すべての教師の専門的探求能力を高める方向へシフトさせていくものである[30]。「研究を行う教師」のイメージは浸透しつつあったが、個人レベルで小規模に実践されることが多かった。今後は総体としての教師の研究能力を組織的に高めていくことが目指されており、その意味でもイングランドの改革とは異なる方向性を示している。

　このように時代の変化に伴い、イングランドとスコットランドでは教師の専門性が再定義され、専門性基準が策定・改訂されてきたが、その内容や策定プロセスはそれぞれ異なっている。イングランドでは、教職の「現代化（modernisation）」を合言葉に教師教育制度改革が進められてきたが、それは教職の「専門職化」の名の下に「脱専門職化（de-professionalisation）」を行うものだったのではないかという見方もある[31]。管理主義的な教師教育改革が進行するなか、イングランドではアカウンタビリティと専門的

自律性（professional autonomy）の均衡を教師がいかに保てるかが課題となっているのである⁽³²⁾。

おわりに

　最初の問いに戻れば、日本の「教員育成指標」を意義あるものとし、教師の専門職化の要件とすることはできるのだろうか。その答えをどこに探せばよいのか。

　「専門職化」のための動力が「脱専門職化」に転じる要因はいくつか挙げられる。たとえば、専門性基準の内容それ自体や、基準策定主体や策定プロセスの問題、あるいは「専門職」の定義の仕方、教師教育者の力量や専門性、などがある。政策的なイデオロギーといった政治力学の影響も小さくないだろう。

　スコットランドでは、教師の「質」を規定し、その質を維持・管理するためのシステムに、教員養成の担い手のみならず、教育分野のステークホルダーの多くが関わっている。教育コミュニティを形成する多くの関係者の協働性を基盤とする仕組みによって教師の質が担保され、その教師によって次代の教育コミュニティを担う主体が育まれるシステムが構築されているのである。　その社会で求められる「教師」とはどのような教師なのかを示す枠組みは、そうした協働性を基盤に構築されることが重要であろう。

　複雑化する現代社会において、創造的な教育実践の専門家としての力量が教師には期待されている。その内実を規定することは易しくないが、それだからこそ未来の教育を支える多くの者の声が反映されるべきである。学習観が変わりつつあるなか、学習者に寄り添い、学習を支援する教師には、新たな役割・責任や専門性が必要とされている。地域の一人ひとりが当事者として、その地域での教育を主体的に作り上げていくという意識や価値、あるいは教育への信頼を醸成するための努力、それも地域社会という足元を見つめたうえでのそれが学習社会の実現に向けて、今、改めて求められているのではないか。

　本稿では、中教審答申で提案されている「教員育成指標」策定と「チー

ム学校」構想の意味について、イングランドやスコットランドの取り組みを参照しながら考察した。教師の専門性や専門職性、あるいは専門職化を規定する要因やその関係性などは紙幅の関係で検討できなかった。稿を改めて考察することにしたい。

《注》
（１）「これからの学校教育を担う教員の資質能力の向上について～学び合い、高め合う教員育成コミュニティの構築に向けて～（答申）」（中教審第184号）、「チームとしての学校の在り方と今後の改善方策について（答申）」（中教審第185号）、「新しい時代の教育や地方創生の実現に向けた学校と地域の連携・協働の在り方と今後の推進方策について（答申）」（中教審186号）の3答申でいずれも2015年12月21日に出されている。
（２）答申からの引用や「教員養成」「教員政策」などの慣用的表現では「教員」の語を用いる。
（３）本稿ではイングランドとスコットランドを主な対象とする。
（４）中央教育審議会「教職生活の全体を通じた教員の資質能力の総合的な向上方策について（答申）」（平成24年8月28日）、2012年、2頁～3頁
（５）中央教育審議会「これからの学校教育を担う教員の資質能力の向上について～学び合い、高め合う教員育成コミュニティの構築に向けて～（答申）」（平成27年12月21日）、9頁
（６）中央教育審議会「これからの学校教育を担う教員の資質能力の向上について～学び合い、高め合う教員育成コミュニティの構築に向けて～（答申）」（平成27年12月21日）、10頁
（７）中央教育審議会「これからの学校教育を担う教員の資質能力の向上について～学び合い、高め合う教員育成コミュニティの構築に向けて～（答申）」（平成27年12月21日）、9頁
（８）本稿で「教員養成」という時は入職前の教員養成段階の教育を指し、「教師教育」とは養成から採用を経て入職後の研修を含む教育全体を指すものとする。
（９）東京学芸大学教員養成評価プロジェクト『2010～2013年度教員養成教育の評価等に関する調査研究報告書』、2014年。
（10）中央教育審議会「これからの学校教育を担う教員の資質能力の向上について～学び合い、高め合う教員育成コミュニティの構築に向けて～（答申）」（平成27年12月21日）、48頁

(11) 「育成指標」については教育再生実行会議「これからの時代に求められる資質・能力と、それを培う教育、教師の在り方について（第七次提言）」（平成27年5月14日）においても「教師がキャリアステージに応じて標準的に修得することが求められる能力の明確化を図る育成指標」の策定が提言されている。(https://www.kantei.go.jp/jp/singi/kyouikusaisei/pdf/dai7_1.pdf)、2016年3月20日閲覧。

(12) 中央教育審議会初等中等教育分科会教員養成部会（第83回）議事録（平成27年5月29日開催）(http://www.mext.go.jp/b_menu/shingi/chukyo/chukyo3/002/gijiroku/1360424.htm)、及び配付資料4「論点整理（検討すべき事項・これまでの主な御意見）」(http://www.mext.go.jp/b_menu/shingi/chukyo/chukyo3/002/siryo/attach/1360377)、2016年3月20日閲覧。

(13) Lawrence Ingvarson（2002）*Development of a national standards framework for the teaching profession*, ACER（Australian Council for Educational Research）Policy Briefs, Issue 1, Melbourne: Australian Council for Educational Research.

(14) エリック・ホイル（Eric Hoyle）は「専門職性（professionalism）」は教師のステイタスに関係する概念、また「専門性（professionality）」は教師の専門的実践に対する態度、及び専門的実践において用いる知識やスキルの程度を指すものとして区別し、「専門職化（professionalization）」には「ステイタス」と「実践」の改善という2つの主な要件があるとしている。Eric Hoyle（1980）Professionalization and deprofessionalization in education, in Eric Hoyle and Jacquetta Megarry（eds.）（1980）*World Yearbook of Education 1980: The Professional Development of Teachers*, London and New York: Routledge, pp. 42-54.

(15) 佐藤学「大学・大学院における教師教育の意義―専門職性と自律性の確立へ―」『日本教師教育学会年報』第22号、2013年、13頁〜14頁

(16) 中央教育審議会「チームとしての学校の在り方と今後の改善方策について（答申）」（平成27年12月21日）、2015年、12頁

(17) 中央教育審議会「チームとしての学校の在り方と今後の改善方策について（答申）」（平成27年12月21日）、2015年、24頁

(18) 佐藤学「教師教育の国際動向＝専門職化と高度化をめぐって」『日本教師教育学会年報』第20号、2011年、47頁〜54頁

(19) TDA（Training and Development Agency for Schools）は2012年3月に廃止され、2012年4月からは教育省のTeaching Agencyに改組されたが、2013年4月にはTeaching AgencyとNational College for School Leadership

が統合し、National College for Teaching and Leadership（NCTL）に再編された。
(20) TDA (2008) *Professional Standards for Qualified Teacher Status and Requirements for Initial Teacher Training (Revised 2008)*.
(21) Linda Evans (2011) The 'shape' of teacher professionalism in England: professional standards, performance management, professional development and the changes proposed in the 2010 White Paper, *British Educational Research Journal*, Vol. 37, No. 5, pp. 851-870.
(22) Department for Education (2012) *Teachers' Standards*.
(23) Department for Education (2012) *Teachers' Standards*. 筆者訳.
(24) BERA-UCET Working Group on Education Research (2012) *Prospects for Education Research in Education Departments in Higher Education Institutions in the UK*, http://www.ucet.ac.uk/4371, accessed 10 April 2016.
(25) スコットランドの公立学校に勤務するすべての教師は後述するGTCS（General Teaching Council for Scotland）に登録することが義務づけられており、登録のための基準が「登録基準（The Standards for Registration）」である。教員養成課程修了段階では「仮登録基準（The Standard for Provisional Registration）」を満たすことが必要とされ、その後の1年間の導入教育（induction）を経て「正登録基準（The Standard for Full Registration）」を満たせば正式に登録される。
(26) The Public Services Reform (General Teaching Council for Scotland) Order 2011.
(27) Education Scotland, What is Curriculum for Excellence?, http://www.educationscotland.gov.uk/learningandteaching/thecurriculum/whatiscurriculumforexcellence/index.asp, accessed 10 April 2016.
(28) Graham Donaldson (2010) *Teaching Scotland's Future – Report of a review of teacher education in Scotland*.
(29) GTCS (2012) *The Standards for Registration: mandatory requirements for Registration with the General Teaching Council for Scotland*, p. 6.
(30) Gary Beauchamp, Linda Clarke, Moira Hulme and Jean Murray (2013) Policy and Practice within the United Kingdom – Research and teacher education: The BERA-RSA inquiry, https://www.bera.ac.uk/wp-content/uploads/2013/12/BERA-Paper-1-UK-Policy-and-Practice.pdf?noredirect=1, accessed 21 March 2016.
(31) John Beck (2008) Governmental Professionalism: Re-professionalising or

de-professionalising teachers in England?, *British Journal of Educational Studies*, Vol. 56, No. 2, pp. 119-143.
(32) Tanya Ovenden-Hope and Linda la Velle (2015) Translational research in education for knowledge mobilisation: a study of use and teacher perception in primary schools in England, UK, *Journal of Education for Teaching*, Vol. 41, No. 5, pp. 574-585.

第11章 昭和初期の校外教育実践における教育者と子どもの関係について
松美佐雄の「動的」概念を手がかりに

松山 鮎子（東京大学）

はじめに

　今日、いわゆる産業社会から大衆消費社会への社会経済構造の転換にともない、学校外教育を基本とした様々な体験活動を重視する動きが活発化している。これは、社会の転換期において生まれてくる、新たな教育観創出への志向性として捉えることができる。またこのことは、昭和初期の社会の転換期における、校外教育の実践とその理論の誕生を1つの淵源としていると考えられる。それらのうち、松永健哉が体系化した校外教育論は、戦前戦後を通じ最も洗練された理論の1つとされ、関連する先行研究も多い[1]。彼の活躍した当時は、少年犯罪や非行などが社会問題化したことで、「校外教育」の重要性に注目が集まり、その理論化が試みられた時期であった[2]。ゆえに、この時期の一群の教育運動・理論においては、校外教育研究が焦点の1つとなるといわれてきた[3]。ただ、先行研究では、主に児童個人の成長発達の諸相によってその教育実践の意義が問われるのみで、そこで教育者たちがどのように子どもたちの活動を支えてきたのか、子どもと教育者の関係においてその全体像を描く視点はなかったといえる。本研究はこの点に着目することで、当時の実践が子どもだけでなく教育者自身の変化をもたらすもので、そうした関係性が教育活動そのものの質を高めていったことを明らかにするものである。

　ところで昭和初期は、第一次世界大戦後の産業資本主義の発展にともない、都市部を中心に新たな中間層と日常生活が形成された時代である。そ

してこの時期にはすでに、現代社会の基本的な特徴が出揃いつつあった[4]。こうした変動期の歴史的事象に目を向けることは、今日、大人が子どもの存在をどのように捉えその成長を支えていくのかという観点から地域社会づくりを考える際に、豊かな稔りをもたらすはずである。

具体的に本稿では、口演童話家の松美佐雄の「動的」概念に焦点をあて、運動の主な担い手である小学校教師たちの童話の学習と実践の内容について検討することとしたい。おもな資料は、1924年創立の「日本童話連盟」（以下、連盟）の機関誌『話方研究』創刊号（1925年1月）から、最終巻第17巻第9号（1941年9月）までである。口演童話家の松美佐雄（1879-1962）により設立された同組織には、小学校教師や保育者らを中心に約300名の会員が所属した。最盛期には1,100名超の会員数を誇っており、支部数は40都府県とアジアの5地域で162に達するほどだった[5]。

なお、『話方研究』の誌面で口演童話に関わる語句は、「童話」「お話」「口演」など多数使い分けられる[6]。このうち、「童話」は読み物として書かれた物語、「口演」はそれを大勢の子どもたちの前で演じることを指す。また、最頻出の「お話」という表現は、書物に書かれた話材そのものではなく、「それが話される時に生ずる心の交流」と定義される。本稿における「童話」と「お話」の使い分けは、上記に準じるものとする。

1　松美佐雄の問題意識と活動の目的

本節では、松美が口演童話に取り組んだ背景とその目的について述べる。彼は、1897年に出生地の群馬の高等小学校を卒業し18歳で上京するまで、小学校長だった父の手伝いで無資格の教員を勤めていた。これが、彼の最初の教育経験である。その後、20歳で函館の軍の工員となり、『少年世界』の主筆・江見水蔭に師事するため再度上京し、童話を書き始める。そして、自作童話を『少年世界』や『少女世界』に寄稿しながら、1905年には竹貫佳水が隠田村（現・渋谷）に設立した育児院の事務員兼保母役を無給で勤めた。竹貫という人物は、松美と同郷出身で同じく江見に師事した小説家である。松美は、彼と行動をともにするようになって以来、「雑誌の原稿料でたべながら、孤児の世話を焼いて」「ひとかどの社会事業家になりす

まして居た」と後年回想している(7)。

　さらに、1906年、二人は東京青山に私立の少年図書館を創設した。明治末期は、国民の読書熱の高まりをうけ、公共図書館が児童サービス機能を設置するなど、子どもの読書への働きかけを開始した時期である。これが来館した子ども相手だとすれば、彼らの構想した少年図書館の性質は、「固定的」ではなく「随意に随所に公開」する「動的」なものだった。では、そのような移動式の少年図書館を構想した目的は何なのだろうか。松美は、「雑誌を読む少年少女などというものはホンの一部のものであつて、大部分の子供は殆ど読んでいない」「この読まない子供たちにお話をするのが、真の文化事業である」と述べた(8)。ただ、当時の青山付近では、館を設置しても子どもが集まってこない。そこで彼らは、たとえば上野公園まで書籍を運び、「自由にとってお読み下さい」と札を立て、子どもたちが気軽に集える場に読書空間をつくったのである。このお話会は、ある時には児童が「部屋に入りきらぬほど」集まったといい、その盛況ぶりがうかがえる(9)。

　他方、松美は『信濃毎日新聞』の記者となった1908年、信州の博文館愛読者大会で口演を行い、その後、1912年には時事新報社の雑誌『少女』の編集者に就任し、6年後の退社まで各地の小学校の愛読者会などで研鑽を積んだ。この全国行脚をつうじ、彼は、都市で目にした状況とは異なる地方の児童文化の問題に突きあたることとなった。それは、地方の口演童話家たちが技術を磨くことなく、「巌谷氏が水地獄を話せば水地獄、久留島氏がイタロの話をすればイタロ」と安易に一律な話材を選んでいたことだった。そこで彼は、各地の実践家が育たない限り「児童文化」は普及しないと憂慮し、「各地にお話のできる人々を拵うる」必要に思い至ったのである(10)。

　ところで、1922年頃から、俗的な児童雑誌や漫画の氾濫、安易な童話作家の増加などによる、児童文化の質の低下が有識者に問題視されていた。この時、童話の正しい発展を願っていち早く設立されたのが、「日本童話協会」だった。同協会を組織したのは、童話研究者の芦谷重常である。また、活動の目的は、童話の「正しい批評」のために「徹底した研究」を行うことだった。この協会の性格に対して、松美は、それは「死んだ童話の

世界」を研究する「静的な」活動に終始するものであると批判した。そこで、「生きて行く」童話を扱い「動的な」活動を展開するため、新たな取り組みを模索したのである。これが、「日本童話連盟」設立の直接的な動機だった。彼は、「童話研究は理論よりも実際である。実演のない単なる童話理論の研究は、ほんとの力と、意味とを忘れ勝ちにする」と述べた[11]。

　つまり、松美の問題意識において、「動的」という語をめぐり二点の活動の方向性が示されている。すなわち、第1が、たとえば孤児のような生活環境に恵まれない子どもたち、または雑誌や本を読むことのできない多くの子どもたちが「知識」を享受できる場をつくり、「生きて行く」童話によって彼らの成長を促すことである。また、第2が、優れた童話家の養成面から童話や童謡を研究することである。この2つの「動的」活動によって児童文化そのものの質を高めていくことが、彼の実践の目的であった。

2　学校教育の補完的役割としての教師の童話学習

　本節では、口演童話の「動的」な性格を、主に童話家の養成面からより詳しく検討する。童話は、子どもの「情操教育」である。松美は、童話による教育をそのように位置付けた。それは子どもたちの娯楽であるのみならず、児童の「不良不善なる行為」を抑制し、彼らの思考や感性、情緒、道徳心、宗教心、社会性など総合的な情操の発達を促すものである。また、それにより「児童の世界を幸福にすることがやがて大人の世界を完成すること」である[12]。つまり、童話による教育は、今教育者の目の前にいる子どもを「幸福にする」ものでもあるのだ。後述するが、「口演」の対面的、相互的な在り方には、そうした子どもの感情にはたらきかける「動的」性格が含まれている。「課外教育」としての童話に期待されたのは、そのような効果だった[13]。

　さらに、たとえば昔話『桃太郎』には「勇敢愛国の観念」があり、『舌切り雀』には「動物愛護の観念」がある。この童話の「生命」を児童が深く理解することが、将来の国家を担う優れた人材として子どもを育て上げることに結びつく。だがそれは頭で理解するということではなく、そこに「実行性」をともなう必要がある。松美は、学校教育の補完としての童話をこ

のように捉えた。ただ、現在の学校教育は、教師が修身の教材を読むだけの「概念運動」である。これでは、童話の観念を児童の生活に活かす「動的」な教育は行えない。そこで、彼は教師らの童話の学習を奨励し、教材の良し悪しからその伝え方まで自分自身で考え工夫できる者を、「実行性」のある教育者としたのである。

では、実際の教育者が童話を学習する動機は何なのだろうか。たとえば、深川の小学校教師である鈴木すみ子は、「私が全校の児童とよく親密に結びついたのは、童話の力であると断言したいと思います」と綴った。彼女は童話の学習を始める以前、1年生の指導は「遊戯」が「全生命」と考え、それを熱心に学んでいた。だが、いくら勉強してみても、「何となく児童との間が親密に」できない。それがある日、一人の児童にお話を聞かせたことをきっかけに、始業時は必ず「先生お話して頂戴」と児童たちから請われるようになった。さらに、休み時間には知らない他級の生徒からも、「先生おはなし聞かせてよう」と話しかけられるようになった。それ以来、彼女は「うっかりとしたお話はできない」と考え、童話の講習に参加するようになった。そして、研究会で「幾分かの自信」をつけ、実際に児童と接するようになると、彼らに「特別の親しさ」をもって迎えられるようになった[14]。このように、教師が童話を学ぶ動機の第1は、子どもと信頼関係を結ぶことにある。さらに詳しくみていこう。

以下は、同じく小学校教師の鈴木房吉の例である。彼がかつて奉職していた学校には、昼休み、二宮金次郎のお話を読んで聞かせるという決まりがあった。だが、教師らは文章にろくに目もとおさず、お役目的にそれを読んで聞かせていた。読み手が面白くなければ、当然児童にも「なだらかに聞かれない」[15]。そんなある時、鈴木は子どもたちにせがまれて曲亭馬琴の「南総里見八犬伝」を話して聞かせてみた。実際にお話をしてみると、準備不足なので言葉が続かない。登場する人物や土地の名前を覚えていないだけでなく、話の筋を相手にうまく伝える表現が出てこない。にもかかわらず、子どもたちはしきりに瞳を輝かし、身動きせずに面白そうに聞いてくれたのである。さらに、話材を心のなかにしっかりと入れておくと、自分自身が落ち着いて話せるだけでなく、子どもたちの「瞳の動き方」が違い、彼らをお話に引きこみよく聞かせることができる。彼はそれを実

感し、この出来事をきっかけに、朗読と比べて自分なりに創意工夫できる「口演」の魅力を知ったのである。

　以上のように、童話は、国家を担う人材の育成という、当時の学校教育の目的を補完するものだった。だが同時に、そこには児童の幸福感を満たすという「動的」な役割が期待されていた。教師の学習のきっかけもこの点と関わっていた。それはつまり、言葉の表現1つで内容の伝わり方が変化し、話を聞く子どもの態度が明白に異なる。そして、お話が上手くなるほど子どもは教師の言葉をよく聴くようになり、それが両者の関係をいっそう親密にすると実感したことである。ここから読み取れるのは、「口演」の相互性は教師と子どもを上下関係ではなく「信頼」を核に結びつけており、そこでは教師自身もまた変化するという点である。

3　お話の場における子どもと教育者の関係

(1)　「眼の交流」の意味

　では、子どもたちの姿は教師の眼にどう映ったのか。まず、幼稚園教諭の大塚喜一を例に引きながら、この点について検討する。以下は、1922年1月24日の京都の華頂幼稚園でのお話の実施記録である[16]。

　　「サァお話と口を切ろうとすると子供達は静かにと制し合い、一言話し出すやサッと気分は一転して話に入る。何分心境を調える間も無く声も幾分出にくいが、目の前近く並ぶ顔が顔々が何よりのたより、語りつつ聴き聴きつつ語る経験を得るは今ぞと思えば、不安もよろこびもお話の現景のあとに動く背景の様な（第二次的な）気がする」。

　ひとたび話が始まると、騒いでいた子どももさっと気分を変えお話に集中する。話者はその態度に応えようとお話を展開していく。そのような場の様子が、文章から生き生きと伝わってくる。記事はさらに、以下のように続く。

「一男児が幼い瞳をうるませて聴いているのを、横に居た為に途中で気づいた。少しお話の前後したところをよく取り直して進んで行く（中略）不思議によく聴いている子供達の顔々が眼の前に並んでいる、その表情の動き殊に心配そうなのが、話していながら反響の余りにも直接で端的なのに怖くなる程……それで『大丈夫』というところの感を十分に与えようと努めたが、そこが意識的になり過ぎて全体の流れから不自然に浮かび上っているように感ぜられるのが気になる。後はずんずん進んで終る」。

　お話は、一方的に教師が物語を語り伝えるものではない。それは、「語りつつ聴き聴きつつ語る」という表現から知れるように、教師が子どもの表情や態度からその心情を感じ取り「動的」に進むものである。お話の場は、このような両者の呼吸、相互関係によって成立していることが読み取れる。
　また、教師の記述に共通するのが、子どもの「眼の表情」の描写である。大塚は、それを「幼い瞳をうるませて聴いている」と表現した。他にも、たとえば小学校教師の谷口盛祐は、「動物音楽隊（ブレーメンの音楽師の改作）」を語った際、低学年の児童たちが「手をにぎり眼を光らして真剣に聞いている」と、やはり眼の描写によって当時の情況を綴った[17]。同様に、大阪の教師井上行忠も、毎朝子どもたちが教室で「嬉々として、美はしい目を輝して」自分のお話を待っていると書く[18]。彼らにとって、子どもの眼の表情のもつ意味とは何なのだろうか。以下は、保母A子の手記である[19]。

　「子供達が、あの澄んだ目で、あのあどけない顔をほころばせて、私を迎えてくれた時、下手も上手も側の先生も友も心配もふきとんでしまいました。これが夢中と云うのでしょうか。それでも私には、子供達一人ひとりの顔がはっきりと感ぜられているのです。じっと見つめた子どもの目、今日の日まで、こんなにも美しいものだと思いませんでした」。「自分の力の足りない事を、本当に安心させて呉れるのは子供である。子供が話して呉れます。私の足りないお話でも、本当に満足してくれるのです。そして、子供の眼を見る事によって、すべてを私に話して

呉れます。(中略)私は子どもの眼を見てお話をスル事により、不思議な力を得て、「幼児の世界」へ入る事ができたのです」。

先に挙げた鈴木すみ子の場合も同様であるが、特に経験の浅い教育者は、その未熟さを自覚するゆえに、不安と緊張を感じながら子どもと接している。だが、A子が書いているように、お話をすることで彼女は「子供達一人ひとりの顔」、彼らの眼の「美しさ」を感じ、それにより「本当に満足してくれる」子どもの様子を知って、いっそうの力を得たのだった。つまり、お話によって教師は、A子が「幼児の世界」と呼ぶような「子ども」という存在の未知の領域に触れることができるようになった。しかもそれは、目前の子ども一人ひとりにまなざしを注ぐことで、全員同じで一般化された「子ども」ではなく、彼らの存在の個別性をも教師に認識させたことを示している。これが、お話の場における「眼の交流」の意味である。

(2) お話の場の相互性

次に、子どもの姿に関わる記事を拾い挙げていくことで、お話の場における相互性について検討する。結論的には、子どもたちはお話を聞けば聞くほど、受動的な聴き手から能動的な聴き手へと変化していくものである。また、こうした変化を支えているのが、お話の流れをつくりだす語り手の技術と、それに呼応する聴き手の聴く力だった。具体的にみていこう。

1926年12月23日の大塚喜一の日記には、お話「正直小吉」を話した際の子どもの様子が記されている。「我が園と他園との幼児のお話の聴き振りを比較するに、我が園の幼児は兄ちゃんのお話を度々聴いて慣れているので、他園の如く物珍しげなおとなしい聴方は少いが、お話に対する反応や応答等が勢いよく所謂能動的な深みある聴き方である」[20]。このように、お話に慣れない子どもたちは、身振り手振りを交えて語る語り手を「物珍しい」と感じ、静かに聴くものである。また時に、そうした子たちはお話に入り込むことができず横を向くなど注意が他へ逸れてしまったり、隣の子と話したりしてしまう。以下の引用からは、子どもの「注意」の度合いと教師の話の調子が影響し合っており、そうした相互的な関係がお話の流れをつくっていく様子が読み取れる。

「「長いお話」との所望のお児があったので、新入の幼児に適する話の中相当内容のある話をした。注意一張一弛なれども興味あり、応答活発でハイハイと返事しすぎる程」[21]。

「子供達の熱心な眼が、お話の調子に従って、近づいて来たり遠くなったりする事のみが、感ぜられた。(中略)子供達の聴こうとする力によってお話ができる」[22]。

「殊に前列の年少児が僕が話に力を注ぐにつれ視線を合わす児が増えて来て次第にお話の世界に引き入れられた(中略)お話が終って次の週のお話の前に或る子どもが『先生のお話ほんとうだったよ。僕見たら子どもの手の跡があった』と語った」[23]。

このように、教師の口調やリズムなど「お話の調子」は、直接的に子どもの「注意」を惹きつけたり遠ざけたりすることに作用している。また反対に、子どもの「聴く態度」ができてくると、その「聴こうとする力」やお話に対する「応答」といった能動的な反応によって、教師の語りが引き出される。このように、お話は教師と子どもの相互的で「動的」な関係によって成り立つものである。

さらにここで注目したいのは、「子ども」を指す語が「子供達」という複数形と、個別の「子ども」とに書き分けられていることである。この区別の意味は、教師がお話をする際、集団として子どもたちに語りかけ、同時に、まなざしの交換によって一人ひとりの子どもにも向き合っていることを示している。それに加え、お話の最中や事後、個別の子どもたちの反応に接することで、教師はそれぞれの個性を発見することもあった。つまり、お話の場における「動的」性質の核心は、多であり個である子どもとの関係を往還することで、教師が一般化されない子ども一人ひとりの個別性を認識し、そこで育まれた信頼関係から自信を得ていく点にある。それはまた、子どもとの相互性において彼らを新たな社会の形成者へ育成していくという、産業社会が求める社会進歩の感覚とも符合するものであったと考えられる。

おわりに

　ここまで、松美佐雄の「動的」概念を手がかりに、お話の活動のなかで子どもと教育者の関係がどのように展開していくのか検討してきた。松美は、童話による教育を「知識」の享受による情操の発達と、子どもの幸福感という二方向から意義あるものとした。また、そこには子どもが物語の「観念」を実生活に活かすという点と、学習する教師自身が考え創意工夫するという点で、両者の「実行性」を養う意図が含まれていた。これらの観点それぞれに、活動の「動的」性格の意味が込められたのである。さらに童話における「動的」概念の核心は、お話の場における「眼の交流」をつうじ、教師が目の前にいる児童を多であり個でもある「子ども」として認識することだった。言い換えれば、教師が一般化されてしまうことのない子ども一人ひとりの個別性を発見できたのは、「口演」が朗読とは異なり、子どもとの相互行為によって成立する場だったからだといえる。そして、そうした関係性が子どもとの信頼を育み、教師の自信となったことが、活動そのものの質をいっそう高めていこうとする意欲に結びつくとともに、新たな社会の形成者として彼らを育成する、つまり子どもを成長発達する存在として捉える観点へと展開していったのである。

　冒頭で述べたように、1920年代は、大戦後の産業資本主義の発展にともない、都市部を中心に新中間層という新たな社会階層が誕生した時代である。また、日本においては、この新中間層の形成が、P.アリエスが指摘したような近代における「子ども」の誕生のきっかけとなった。すなわち、伝統的な共同体の規範が衰退するなか、世俗的な国民国家が人々を「国民」として再形成していくために、その基礎単位として家族を必要とした。その家族の紐帯となり愛情の対象として捉えられたのが「子ども」だった。またそのことは、伝統的な社会における聖なる価値が、子どもに内在する聖性へとその位置を逆転させたことをも意味していた[24]。そして、この子どもそれ自体がもつ価値である「童心」の発見が、大正期以降、児童文化運動や児童中心主義の教育を発展させていったのである。

　こうした時代状況を考え合わせると、童話による教育もやはり新教育の

児童観と親和的であり、国民国家の形成という学校教育の目標とも重なり合ったものだといえる。だがそれは、たとえば少年団のように規律訓練による身体の統制を重視した活動とは異なっている。なぜならお話は、「語りつつ聴き聴きつつ語る」というように、教育者と子どもが上下関係ではなく、「信頼」によって結びつくことで「動的」に展開するものだからである。またその核心は、そうした両者の相互関係において、教育者が子どもへのまなざしを変化させ、その異文化性を捉えられるようになる点にあった。こうして教育者と子どもの関係がたえず組み替えられることで、子どもとともに大人も変化していくという教育の在り方は、当時にあって既存の枠組みにとらわれない社会形成の緒ともなったのではないだろうか。引き続き検討していきたい。

《注》

（1） 菅忠道「児童文化運動」『日本教育運動史3』三一書房、1960年。黒澤ひとみ「松永健哉の校外教育論に関する研究：『児童問題研究』における理論展開を中心に」『日本社会教育学会紀要』第44号、2008年、31頁〜40頁など。
（2） 校外教育論は1932年の文部省訓令「児童生徒ニ対スル校外生活指導ニ関スル件」以来、議論が盛んになった。背景には第一次世界大戦後の相次ぐ恐慌の影響により全国規模で引き起こされた社会問題へ対処を迫られたこと、また、満州事変や国際連盟の脱退という国家の非常時へ教育面から対応の必要が生じたことなどがある。
（3） 畑潤「戦前における学校外教育実践・理論の成立と展開」『地域の子どもと学校外教育：日本の社会教育』第22集、1978年、55頁
（4） 周東美材『童謡の近代：メディアの変容と子ども文化』岩波現代全書、2015年、6頁
（5） 1933年、最大支部は静岡県の29、次いで埼玉県18支部、愛知県11支部、鹿児島県と千葉県10支部と続く（東京本部除外）。また、海外は樺太、朝鮮、満州、台湾に1支部、中華民国に3支部が設置された。
（6） 他、幼児童話や教室童話は、年齢や場所別の呼称、宗教童話や科学童話は内容面の区別である。創作童話は、児童文学作家など個人が創作した童話を指す。また、実演童話は語り口が工夫され身振りなどが付け加えられた、いわば台本のような童話である。さらに、「話方」は学校の教科として「お話」を学ぶことを指す。

（7） 松美佐雄「童話一夕話」『話方研究』第 11 巻第 9 号、日本童話連盟、1935.8、2 頁
（8） 『話方研究』第 17 巻第 9 号、1941.9、10 頁
（9） 前掲「童話一夕話」3 頁
（10） 『話方研究』第 17 巻第 9 号、1941.9、10 頁
（11） 『話方研究』第 1 巻第 3 号、1925.3、33 頁
（12） 『話方研究』第 8 巻 5 号、1932.5、10 頁
（13） 『話方研究』第 1 巻第 1 号、1925.1、1 頁
（14） 『話方研究』第 7 巻第 5 号、1931.4、15 頁〜 18 頁
（15） 『話方研究』第 3 巻第 1 号、1927.1、28 頁
（16） 『話方研究』第 13 巻第 2 号、1937.1、2 頁〜 4 頁
（17） 『話方研究』第 15 巻第 8 号、1939.7、35 頁
（18） 『話方研究』第 12 巻第 5 号、1929.5、14 頁
（19） 『話方研究』第 8 巻第 11 号、1932.11、2 頁〜 3 頁
（20） 『話方研究』第 13 巻第 2 号、1937.1、3 頁
（21） 『話方研究』第 7 巻第 2 号、1931.1、15 頁
（22） 『話方研究』第 13 巻第 6 号、1937.5、15 頁
（23） 『話方研究』第 13 巻第 9 号、1937.8、9 頁
（24） 遠藤薫『聖なる消費とグローバリゼーション：社会変動をどうとらえるか』勁草書房、2009 年、60 頁

第12章 戦後教育改革期における「地域大学」構想の一事例

中野藤吾と立川学園の活動をめぐって

木田　竜太郎（京都文教大学）

はじめに

　本稿は、戦前の教育に関するあらゆる国家主義的価値観（中央権力への志向）の克服が目指された戦後教育改革期、「地域社会への志向」を掲げて設立・構想された高等教育機関の活動事例を取り上げ、地域における大学の役割という課題を歴史的視点から再検討することを目的とする。

　具体的には1947年、東京西部の立川市に誕生した財団法人立川学園・立川専門学校に端を発する立川短期大学と、その初代校長・学長を務めた中野藤吾（1908-1990）の人物像に焦点をあて、同校の設立過程とその構想について明らかにする。同校は戦後大学改革の重要課題であった「大学の地域分散」という課題に鑑み[1]、「その大部分のものは経営を第一義に考慮しなければならない関係上殆ど大部分の大学が大都市に設置されており、（中略＝引用者）全国的に調整することは不可能」とされた私立学校でありながら[2]、立川のみならず三多摩地域（当時の北多摩、南多摩、西多摩、3郡の総称）の特質に根差した「地域の高等教育機関」たることを強く志向し、地元青年の教育要求と地域社会の現実の要請に応え得る「地域大学」としての構想の下、戦後民主主義教育の理念に照らした新しい形の大学の在り方が模索された、価値ある事例である。

　立川短期大学は1959年、東京都に移管され、東京都立立川短期大学となる（以後、1996年に東京都立短期大学、2005年に首都大学東京の一部となり現在に至る）。これは私立の短期大学が公立へと移管された初の事例とし

ても貴重であるが⁽³⁾、移管の経緯やその後の同校については『戦後東京都教育史』および同校の記念誌等に若干の記述がみられるものの⁽⁴⁾、その前史として極めてユニークな活動を展開した旧制立川専門学校・私立立川短期大学に関しては、中野藤吾当人をはじめとする当時の関係者が断片的な回想を僅かに残すにとどまっており、その具体的詳細と全体像についてうかがい知ることはできない。

本稿においては、①中野藤吾の経歴と時代背景、②財団法人立川学園の設立過程とその構想、③立川専門学校・立川短期大学と中野藤吾の活動、以上3点を主軸として、同校に関する検討を試みる。

1 中野藤吾の経歴と占領下の立川

立川市（1940年、市制施行）は、『東京百年史』の表現を借りれば、「武蔵野の一面の耕地のなかに忽然と生じ、明治百年のうちに急速に発展した」新興都市である[5]。その近代史は、甲武鉄道の開通（1889年）と三多摩地域の神奈川県から東京府への移管（1893年）を契機とし、戦前は立川飛行場（1922年）を擁する軍都として、戦後はそれ故に占領軍の強い影響下に置かれた「基地の街」として、特異な事情を抱えつつ発展していく。一方、同じ東京都下にありながら、旧東京市域（現・23特別区）に比してあまりに未整備な西部・三多摩の都市施設は「三多摩格差」と称され、とりわけ立川市民は、基地依存の経済と不安定な治安という大きな課題のなかで、地域社会の再生を期することになる。

中野藤吾は1908年、立川近郊の砂川村（1963年、立川市と合併）に生まれた。中野家は周辺の豪農であり、祖父の国蔵は、藤吾自身の母校ともなる東京府立第二中学校の地元誘致（1901年）に貢献した有力寄附者の一人である[6]。父の田郎吉は、甲武鉄道と立川飛行場という近代流通網の発達を契機に運送業を営み、晩年まで事業家として活動した[7]。このような家庭環境が、物心両面における藤吾の活動の後ろ盾となったものと思われる。藤吾は東京商科大学に進学し、社会経済思想史を専攻。1931年に本科を卒業、1935年に研究科を修了した。この間、府立二中の先輩で東大農学部出身の比留間安治に、彼が本郷に設立した昭和第一商業学校の講師として誘われ、比

留間が地元に開校する姉妹校・昭和第一工業学校の設立にあたっては、自家私有地の提供や他の地主・関係諸機関との折衝等、大きな役割を果たすことになる[8]。この経験が、後年の立川学園と藤吾の役回りに大きな影響を与えたようである。

中野藤吾は後年、「立川専門学校は中野喜介氏の発案と出捐によって創立されたもので、終戦直後の混乱をつぶさに体験された同氏が、吾国の再建を郷土と郷土を担う青年に期待して、終戦の年、即ち昭和二十年秋から企画しつつ、ようやく昭和二十二年四月開校の運びとなったもの」であると記している[9]。同校の発案者・出捐者とされる中野喜介は、戦後立川の経済界で頭角を現した事業家であり、立川商工会議所の初代会頭、晩年には全日本商店街連合会会長等を務めている。この人物は戦死した藤吾の弟・豊と親しく、豊を事業上の後継者と考えていた父の田郎吉との養子縁組により中野姓を名乗っていた[10]。当時の事情について、藤吾は次のように回想している。

　　当時立川有数の知識人佐藤吉熊氏が参画し立川市の要職の方々も助力を惜しまれませんでしたが、結局すぐさま大学新設とは無理だから専門学校令による学校の建設をという意見に一致して来ました。そこで次はこの忙しい仕事を誰がやるか、それについては当地にすでに昭和第一工業を設立された比留間さんがおり、それを手伝った中野がいる、ということで比留間さんと私にこの学校設立の問題が振りかかってきた次第です。

佐藤吉熊は戦前、日本農民組合総同盟に属し、三多摩小作争議で活躍した地元の弁護士である。藤吾は1946年当時、日本経済専門学校教授を務めており、「これからは名ばかりの役員ではなく、実際に中心になって活動できるものが出なければだめだとの比留間さんのご意見」により、藤吾が運営の中心を担うことになったという[11]。

このように立川学園は、敗戦後の戦後復興を動機とし、中野藤吾・喜介、佐藤吉熊および比留間安治といった地元有力者に加えて、立川市の要職にある者も一部参画する企画であり、郷土の青年教育を志向しつつ、当初か

ら大学設立が企図された協同事業体としての性格をもっていたものといえる。

2　財団法人立川学園・立川専門学校の設立

　1947年2月11日、財団法人立川学園は「立川専門学校」の設置認可申請を行う[12]。立川学園はその理念を「設立趣意書」において、次のように謳っている。

> 　かくて茲に、個性の自覚と、地域の個性の自覚の為めに、惹いては更に郷土的協同社会実現の為めに、而してそれが結局教育教化の基底に触れる問題なるを確信して、財団法人立川学園の設立を企画したものでありまして、それが同時に、従来の教育の陥った形式化中央化を避け、よき意味に於ける郷土文化の興隆に寄与し得ればと念ずる次第であります。

　筆致から見て、以後、同学園が発するこれらの文書は、すべて中野藤吾の手によるものであろうと推測される。注目すべきは、従来の教育の「形式化中央化」を批判し、その克服のためにこそ「郷土文化の興隆」が必要であるとの主張である。このような理念の下、立川専門学校の「設立趣意書」は、同校の特色について、「あくまで個性主義であり、この基調にたっての協同主義と産業主義」であると記している。

> 　かくてこの個性主義が真の協同主義として生長するところ、そこに同一の環境と取組む美しい意思的協同社会が実現せられることになりませう。（中略＝引用者）個人的には一般産業経済常識を背景とする一技一能の士、地域的には全産業体制の一環としての地域の個性に相応ずる郷土産業、その育成確立の導力たらんとするものであります。

　以下、同校の使命については、「真の協同精神と、之に培はれたる真の産業精神を具有し実践するの士を養成せんとするにあり」とされ、その立地たる立川については、「極めて近き将来には空の貿易場として既に議せ

られつつある今日、而も之等の特殊事情を考慮に入れての専門教育機関の設立あるを見なかった」と述べられている。「地域」「個性」「協同」「産業」といったキーワードが繰り返し強調されるとともに、「一技一能の士」「実践するの士」を養成する教育機関であること、さらに「基地の街」の起因となった立川飛行場と戦時下に附属された多摩飛行場（1940年、現・横田基地）に対して、「極めて近き将来」、おそらくは独立回復後の「空の貿易場」としての姿を思い描いている点も見逃せない。

　立川専門学校は、①校舎の増築を確実に進行すること、②施設備品を整備すること、③教員組織を強化充実すること、以上3点を条件に設置が認められ、3月31日付で正式認可を受けた。実際の開校は6月10日。同校はその「目的」を、次のように掲げている。

　　本校ハ専門学校令ノ趣旨ニ則ッテ職業的訓練ノ基礎トシテ広イ人文学的教養ヲ授クルト共ニ日本ノ新シイ環境ノ変化ニ応ジテソノ生活状態ノ改善並ニ他国民トノ関係ノ改善ニ役立ツベク、政治、経済、産業、技術及ビ貿易ノ分野ニ亘ッテ広範囲ナ職業教育ヲ行フコトヲ目的トスル

　「職業的訓練の基礎」としての「広い人文学的教養」という、戦前の専門学校教育では軽視されがちであった視点が注目される。立川専門学校は経済科のみでスタートしたが、翌年には英文科が増設された。その「設立趣意」には「郷土文化の啓蒙促進の見地より（中略＝引用者）綜合学園として文学科を併置する」と謳われたが、同時に「英文学と言ふより此等の内容は特に「時事英語」「対話」に主力を置き先づ語学力を修得せしめ」とあり、「基地の街」の学校として、あくまで現実の需要に応えようとする姿勢が垣間見える。

　学則の第一条は、「本校ハ専門学校令ニ依リ協同精神ノ基調ニ立ッテ経済其ノ他一般文化科学ニ関スル教育ヲ行フヲ目的トスル」とされ、ここでも「協同」が重要なキーワードとなっている。また、各科とも第二部（夜間部）が設けられ、「勤労青年のための教育機関」という地域社会の実情に即した趣旨が具体化されている。当時の『全国学校総鑑』（1950年）に掲載された立川専門学校の生徒数は、第一部・男子134名、女子3名、計

137名、第二部・男子683名、女子13名、計696名であり、夜間に学ぶ男子生徒の比率が圧倒的であったことが見て取れる[13]。

なお、法人顧問として、賀川豊彦、小野武夫、松前重義、吹田順助、田中誠二、井藤半弥、赤松要、さらに非常勤の兼任講師として、憲法・宮澤俊義、民法・吾妻光俊、経済原論・波多野鼎、統計学・杉本栄一、文化史・清水幾太郎、労働法・末弘厳太郎、行政法・田上穣治、労働経済論・大河内一男、文学概論・本間久雄、等々、当時の碩学の名が並んでいる点がとりわけ目を惹くが、実際に彼らの出講がどれだけあったかは不明である。

3　中野藤吾の「地域大学」構想と立川短期大学

1949年4月1日、財団法人立川学園は、立川専門学校の新学制移行に関する理事会を開催し、審議の結果、「当面の実情より短期二年制大学を採用したき旨」が全会一致で可決された[14]。10月10日、「立川短期大学」の設置認可申請が行われ、さらに11月1日、地元立川市長・中島舜司をはじめ、武蔵野市長・荒井源吉、八王子市長・小林吉之助、北多摩市町村会長・石井三四郎、南多摩郡町村会長・尾﨑知三、西多摩郡町村会長・木村源兵衛、以上6名の自治体首長連名による「立川短期大学設置要請書」がこれに付された。

立川短期大学は、①一般教養、自然科学に関する施設・設備を速やかに充実整備すること、②一般教養科目に関する図書を充実すること、③夜間授業を行う学科については一年後において教員組織・学科・履修方法・諸設備につき報告を求め、また必要ある場合には実施視察を行い、その実績に照らして変更を求めること、以上3点を条件に設置が認められ、1950年3月14日付で正式認可を受けた。学科は商科（入学定員：第一部・100名、第二部・100名）および英文科（同：第一部・50名、第二部・50名）、翌年には教職課程の開設も認められた。同校はその「目的及使命」を、次のように掲げている。

　本学は、その立地々域たる都下三多摩及びその周辺一帯の占むる国内的国際的地位に思ひを致し、その地域の有する伝統と現実の上に、真に

具体的、即実的なる大学教育を樹立実現せんとすることを以て目的とする。

　従って本学は、（一）この地域の個性を内面的に支持すべき真に啓蒙されたる実践的産業文化人の育成(学校教育及び成人講座)に努むると共に、（二）この地域の産業的文化の個性の徹底広範なる調査研究（実態調査）の労を惜しむことなく、（三）更にこの地域の現実たる中小商工業並に都会地近接農畜林産業経営の合理化（経営、経理指導）を促進するを以て、建学の使命とするものである。

「地域の有する伝統と現実」に立脚した「実践的産業文化人の育成」が謳われ、さらにこの時期、正規の学校教育のみならず、「成人講座」に目を向けている点に特に注意を払いたい。また、地域の産業・文化の実態に関する調査研究、地域経済の担い手に対する経営・経理指導の促進等が掲げられ、同校の目指す「地域大学」の構想が詳細に説明されている。
　このような理念の具体化はどのように図られたのか。後年の文部省資料『短期大学調査資料』（1953年）には、以下のような記述が認められる[15]。

七、将来の計画
　　(1)　立川大学の設立　現在の各学科を教育方針を継受しつゝ、真に
　　　　郷土的綜合大学に発展拡充せしめる。
　　　（一）法文学部
　　　　ⅰ　法学科　商科の伝統を継いで経理経営産業労働関係の法学的
　　　　　　　　　　研究をなす。
　　　　ⅱ　文学科　英文科を拡充して人文科学一般の研究をなす。
　　　（二）農工学部
　　　　ⅰ　農学科　郷土建土建設の一翼として農薬、農畜産加工のため
　　　　　　　　　　の農芸化学的研究をなす。
　　　　ⅱ　工学科　小河内・相模湖などの完成から発電に附帯する郷土
　　　　　　　　　　開発のため電気科を中心とする。
　　(2)　郷土図書館、郷土博物館、郷土物産館の維持経営
八、現在の附属施設其他

(1) 経理相談所　商科教授担当にて当地域の中小企業に対する経理指導
 (2) 立川英語学校　英文科教授担当にて正しい英語の普及を主眼とする
 (3) 北多摩児童図書館　児童のため読み物や学習参考書を閲覧せしめる。現在蔵書一千冊。将来は児童の読書指導と初等教育関係書籍の拾集に発展せしめる。
 (4) 多摩論叢　三多摩関係の研究並びに史料を集大成する目的を以て随時刊行
 (5) 三多摩新聞　地方開発と本学教育の開放を志して本学と表裏一体の関係を保つ週刊紙

中野藤吾は「商学士」であり、授業の担当も産業論が中心である。社会科学者としては法学より商経系の人であろう。にもかかわらず、自身の土俵である商学科ないし経済学科ではなく、「経理経営産業労働関係の法学的研究をなす」法学科の開設が構想されている点は興味深い。法学科に関しては前述の弁護士・佐藤吉熊、農・工学科に関しては東大で農芸化学を専攻した同じく前述の比留間安治等の協力を見込んでのことであろうか。

いずれにせよこれらの構想に共通するものは、地域社会の現実の要請に応え得る「地域大学」の具体的な在り方を積極的に模索しようとする姿勢ではなかろうか。アカデミックな「大学」の在り方としてはやや実務志向に偏り過ぎているきらいもあるが、地域の課題解決に直接貢献する新しい形の大学、地域社会に立脚する高等教育機関としての姿が模索された先駆的な事例の1つと評価できよう。

むすびにかえて

以上、本稿においては、戦後教育改革期における「地域大学」構想の事例として、中野藤吾と立川学園の活動に関する検討を試みた。

財団法人立川学園は、敗戦後の戦後復興を契機とする地元有志の協同事業体として企画された。同学園は、従来の教育の「形式化中央化」を批判

し、その克服のため、「郷土文化の興隆」の必要性を主張、「個性主義」「協同主義」「産業主義」を特色とする立川専門学校を設立し、同校を母体とする「立川短期大学」の設置にこぎつけた。

　立川短期大学は、「地域の有する伝統と現実」に立脚した「実践的産業文化人の育成」を掲げ、正規の学校教育のみならず、成人講座、地域産業・文化に関する調査研究、地域経済の担い手に対する経営・経理指導等、地域社会の現実の要請に応え得る「地域大学」の実現を目指し、新しい形の大学の在り方を模索したわけである。

　本稿事例に関しては、中野藤吾の「地域大学」構想と戦後新教育運動との関わり、立川専門学校の新学制移行過程および立川短期大学の都立移管過程に関する詳細な検討等、積み残された課題も多い。しかし、本稿がその一端を明らかにした中野藤吾と立川学園の「挑戦」の事例については、地域における大学の役割、地域社会に立脚する高等教育機関としての自覚と意義が改めて問われる今日、多くの示唆を含むものがあると思われる。

《注》

（１）　羽田貴史『戦後大学改革』玉川大学出版部、1999年、16頁、等を参照。
（２）　「新制国立大学の諸問題について」『戦後教育資料』国立教育政策研究所教育図書館蔵（Ⅵ―33）。
（３）　短期大学における同種の例としては、福山女子短期大学（広島県、1963年設立、設置者・学校法人増川学園）の福山市への移管（1974年）がある。
（４）　東京都立教育研究所編『戦後東京都教育史 中巻 学校教育編』1972年（第2章第5節「高等教育」260頁）。以後、『東京都政五十年史 事業史Ⅱ』1994年（第2章第1節「教育」414頁）、『東京都教育史 通史編4』1997年（第3章第2節「都立大学と都立短期大学の設置」898頁）等、いずれもこれを踏襲している。
（５）　東京百年史編集委員会編『東京百年史 第6巻』1972年（第4編第5章「立川とその周辺」1201頁）。
（６）　中野藤吾『あの日、あの頃、あの辺り』けやき出版、1992年、129頁〜131頁
（７）　中野藤吾『続 街の片隅から』けやき出版、1991年、34頁〜36頁。中野隆右『立川――昭和二十年から三十年代』ガイア出版、2007年、111頁〜116頁（隆右は藤吾の長男であり、本書では中野喜介の事績を中心とした立川の戦後史が綴られている）。

(8)　中野藤吾、前掲書、1991年、238頁〜240頁
(9)　中野藤吾『地域社会に理想を求めて』明好社、1971年、636頁
(10)　中野隆右、前掲書。
(11)　中野藤吾、前掲書、1991年、240頁〜243頁
(12)　「設置認可申請」『立川専門学校』国立公文書館蔵（3A 10-7 1456）。以下、本節中に注釈のない原文引用は、すべて同史料による。
(13)　文教協会編『全国学校総鑑』1950年、1351頁
(14)　「設置認可申請」『東京都立立川短期大学』国立公文書館蔵（4A 10-9 889）。以下、本節中に注釈のない原文引用は、すべて同史料による。
(15)　文部省大学学術局技術教育課編『短期大学調査資料 第8輯』1953年、31頁〜33頁

《謝辞》
　本稿の執筆にあたって、東京都立立川短期大学名誉教授・水野浩志氏より貴重な証言をいただいた。ここに記して深く感謝の意を表す。

〈付録〉

日本学習社会学会10年の歩み

1．日本学習社会学会の設立経緯と組織活動

（1）本学会の誕生

　本学会が誕生したのは平成16（2004）年4月3日である。その前年に、小島弘道前会長と筆者は横浜でじっくりと話す機会があり、そのなかで既存の関連学会とは異なる新たなスタンスと会員層による学会の創設に関する話になった。正確にいえば、小島前会長からの提案と、筆者が元々抱いていた新たな研究の場（=学会）への期待が一致した形になる。その新しさは、社会教育・生涯学習関係者だけでなく、学校教育や比較教育の研究者、NPOや医療・福祉等の関係者にも層を拡大し、広く生涯学習を捉えようとするところにあるとともに、社会教育・生涯学習関係の学会として既存の思考的枠組みにとらわれない場にしようとしたところにある。ようは、社会教育・生涯学習の研究だけでなく、学校教育や国際教育の視点も組み入れたリベラルな学会を目指すことになったのである。この間、小島会員と筆者で学会名簿を基に、趣旨に賛同いただけるような呼びかけ人を選定する作業を進めた。

　その作業を経て、設立発起人（呼びかけ人）となるよう関係者に声かけを行い、学会創設に向けた活動が始動した。その核になったのは、日本教育経営学会、日本比較教育学会、日本教育行政学会、日本社会教育学会、日本生涯教育学会などの会員であった。そのほかに、NPO関係や医療福祉関係の研究者および実践者にも呼びかけた結果、教育以外の分野の会員の賛同を得ることになる。

　その後、国立教育研究所生涯学習研究部長の要職にあった川野辺敏会員（その後、初代会長）に代表になっていただくこととなり、また「学習社会」のアイデアをわが国に普及させた新井郁男会員をはじめとする35人の発起人（よびかけ人）の声かけにより会員希望者の拡大を図ることになった。

特に、教育委員会職員や学校教職員、社会教育職員にも広く呼びかけるよう努めたところである。

［呼びかけ人一覧］
　有園格（静岡文化芸術大学）、安藤耕己（筑波大学大学院）、伊藤昭彦（神奈川県立総合教育センター）、岩﨑正吾（東京都立短期大学）、浦野東洋一（帝京大学）、遠藤忠（宇都宮大学）、奥田泰弘（中央大学）、小島弘道（筑波大学）、大野木龍太郎（浜松短期大学）、貝ノ瀬滋（三鷹市立第四小学校）、加藤かおり（新潟大学）、亀井浩明（日本連合教育会会長）、金子照基（安田女子大学）、川野辺敏（星嵯大学）、小池源吾（広島大学）、佐多不二男（山形大学）、佐藤晴雄（帝京大学）、佐野享子（筑波大学）、澤野由紀子（国立教育政策研究所）、関啓子（一橋大学）、高橋興（青森県立五所川原工業高校）、玉井康之（北海道教育大学釧路校）、手打明敏（筑波大学）、中留武昭（西南女学院大学）、新妻二男（岩手大学）、西穣司（上越教育大学）、野島正也（文教大学）、平井貴美代（高知大学）、広瀬隆人（宇都宮大学）、福田誠治（都留文科大学）、藤村好美（広島大学）、堀井啓幸（富山大学）、堀越幾男（足立区教育委員会）、前田耕司（早稲田大学）、山田達雄（中村学園大学）、渡邊洋子（京都大学）　　　　　　　　　　　　　　　　［敬称略］

　こうして、発起人有志による創設準備委員会の会合を重ね、学会名称や設立趣意書の検討、会則の決定など学会運営の基本事項を徐々に詰めていくことになる。学会名称については、日本生涯学習学会という案も出されたが（実は、提案者は筆者）、既存学会との区別がつきにくいという理由から、結局は「日本学習社会学会」に落ち着いたのであった。
　設立趣意書の原案は、小島前会長が作成し、グローバルかつ学際色に満ちたものとなり、準備委員会によってほぼ原案通りに採択された。また、本学会の1つの特色として、研究大会の参加費について会員無料とすることが決められた。しかし、2010年の事務局移転に伴い、第8回大会からは有料制に切り替わり、現在に至る。
　以上のような経緯で本学会は誕生した。歴代会長の任期に即せば、川野辺会長時代（2期連続）は学会体制確立期になり、小島会長は学会発展

期で、前田現会長は学会充実期に位置付くといってよいだろう。

【歴代会長】

2004年4月～2004年9月	呼びかけ人代表（暫定会長職）
2004年9月～2007年9月	川野辺敏（星槎大学・国立教育研究所名誉所員）
2007年9月～2010年11月	川野辺敏（9月で任期切れとなるが、11月総会まで継続）
2010年11月～2013年9月	小島弘道（龍谷大学・筑波大学名誉教授）
2013年9月～2016年9月	前田耕司（早稲田大学）

(2) 学会体制の確立

　学会の立ち上げにあたって、会則を制定することになり、そのための会則案が2004年2月8日に作成され、発起人の会合での検討を経て、第1回大会の総会で会則等が賛成多数で採択された。学会理事には呼びかけ人のうちから暫定的に任命され、3年後の役員選挙の実施までの任期とされた。なお、第1回大会は実行委員として、帝京大学の浦野東洋一教授のほか、非会員でありながらも市川博教授という教育学の重鎮が肉体労働も含めた協力を注いでくださり、何とか成功裏に終えることができた。

　その後、2007年4月には、年報にISSN　1882-0301を取得（国立国会図書館登録）することになり、さらに同年9月には、日本学術会議協力学術研究団体として認証され、学会としての社会的地位の確立をみた。2008年には学会ホームページが事務局幹事の冨士原雅弘会員によって立ち上げられ、現在の原型がつくられた。このホームページ開設により、知人の会員を介さない研究者からの入会申込みが現れるようになるとともに、会員数は飛躍的に伸び、200名を超すことになった。

　委員会については、まず、年報編集委員会が立ち上げられ、会則中にそのことに関する規程が盛り込まれ、同時に「編集委員会運営規程」も別途定められたが、具体的な投稿要領である「執筆規程」の制定は2005年4月を待つことになる。歴代の編集委員会委員長は以下の通りである。

【年報編集委員会】
第1号～第3号　委員長　関　啓子　2004年9月～2007年9月
第4号～第6号　委員長　岩﨑正吾　2007年9月～2010年11月
第7号～第9号　委員長　三輪建二　2010年11月～2013年9月
第10号～第12号　委員長　堀井啓幸　2013年9月～2016年9月

　学会設立からしばらくの間は、委員会は編集委員会のみであり、大会時の課題研究については事務局が企画していたが、2010年11月の三鷹大会の総会により会則の改正が承認された結果、研究推進委員会および国際交流委員会が設置され、課題研究に取り組むこととなる。研究活動については、以下の「2．」で詳しく述べることにする。

（3）学会体制の充実期
　その後、小島会長の就任に伴い、同会長の主勤務地である関西に事務局が移転した。元々関東地区の会員数が多かったことから、関西地区の入会者も期待されたのである。会員数はともかく、課題研究担当の研究推進委員会および国際交流委員会の立ち上げ、そして、岩﨑正吾会員の会長代行就任など学会体制が次第に充実するようになり、さらに2013年に前田耕司・現会長が就任すると、早稲田大学関係者や国際教育学会関係者などとのつながりをふまえて、学会体制の充実期に入ることになる。
　そうした関係者のネットワークが機能してか、一旦減少した会員数は毎年伸びを見せるようになり、自由研究発表の数も増えて、他の伝統的な学会に比肩するほどに充実するようになる。2015年9月開催の北海道教育大学釧路校での第12回大会は、玉井康之実行委員長と前田会長の尽力により、過去最高の24件の自由研究発表がなされた。
　そのほか、褒賞規程の創設が亀井浩明委員長を中心になされ、また選挙制度の新たな検討が出相泰裕委員長を中心とするワーキング・グループで進められることになる。

2．日本学習社会学会の研究活動等

　本学会の研究活動は、①研究大会の開催、②研究会の開催、③年報の発

行、④研究推進委員会および国際交流委員会による課題研究の実施に分けられ、このほかに、⑤特別論文集『学習社会研究』の発行もある。しかし、⑤特別論文集は諸般の事情により休刊になっている。

（1）研究大会の開催

まず、研究大会については、他学会と同様に、関東と他地区で交互に、毎年9月頃に開催されてきている。第1回大会は、学会創設に直接関わり、また事務局次長を仰せつかったことから、筆者の勤務校であった帝京大学八王子キャンパスでお引き受けすることになった。大会の冒頭では、帝京大学の沖永佳史理事長・学長から挨拶があり、続いて川野辺敏会長（当時）から「学習社会への期待」と題する記念講演が行われ、本学会活動が事実上スタートした。大会参加者は144名で、懇親会参加者は75名となり、まずは成功裏に終えることとなった。

また、公開シンポジウムは「21世紀の学習社会を展望する」をテーマに行われ、多くの会員に対して本学会の目指す方向が示された。課題研究が分科会方式により5会場で行われ、各会場の参加者は少人数であったが、それだけに活発な議論が交わされ、実りある研究の場になった。なお、自由研究については、初回であったことから特に募集しなかった。

第1回大会の様子（帝京大学）
川野辺会長（当時）による基調講演　→
　↓　基調講演参加者

シンポジウム「21世紀の学習社会を展望する」新井郁男・小島弘道・貝ノ瀬滋・金子照基・中留武昭会員のほか、ゲストとして佐藤一子東大教授にも登壇いただいた。→

過去の研究大会一覧（実行委員長の敬称略）

第1回大会（2004年9月）　帝京大学（実行委員長　佐藤晴雄）
第2回大会（2005年9月）　宇都宮大学（実行委員長　広瀬隆人）
第3回大会（2006年9月）　筑波大学（実行委員長　手打明敏）
第4回大会（2007年9月）　常葉学園大学（実行委員長　鈴木三平）
第5回大会（2008年9月）　お茶の水女子大学（実行委員長　三輪健二）
第6回大会（2009年9月）　龍谷大学（実行委員長　小島弘道）
第7回大会（2010年11月）　三鷹市公会堂（実行委員長　貝ノ瀬滋）
第8回大会（2011年9月）　岐阜大学（実行委員長　篠原清昭）
第9回大会（2012年9月）　東京未来大学（実行委員長　金塚基）
第10回大会（2013年8月）　関西大学（実行委員長　赤尾勝己）
第11回大会（2014年9月）　早稲田大学（実行委員長　岩﨑正吾）
第12回大会（2015年9月）　北海道教育大学釧路校（実行委員長　玉井康之）
第13回大会（2016年9月）　日本女子大学（実行委員長　田中雅文）

（2）研究会の開催

　研究大会とは別に年度間1～2回程度の研究会を事務局企画により関東地区で開催することになった。開催案内は全国の会員に送付したことから、関東以外の地区からの参加者も少なくなく、また会員以外の参加も目立つようになった。以下、研究会の実績を記しておきたい。

第1回研究会（2007年6月9日）　日本大学文理学部／発表者：冨士原雅弘（日本大学）、柴田彩千子（帝京大学）
第2回研究会（2008年6月14日）　日本大学文理学部百周年記念館／発表者：貝ノ瀬滋（東京都三鷹市教育長）、トク・タホ（首都大学東京大学院生）
第3回研究会（2009年5月2日）　首都大学東京／発表者：山木茂氏（三鷹市立第四小学校教諭）、金塚基（東京未来大学）
第4回研究会（2009年2月）　日本大学文理学部百周年記念館／発表者：堀越幾男（足立区教育委員会）、宇内一文（日本大学）
第5回研究会（2010年6月12日）　日本大学文理学部百周年記念館／発

表者：鈴木寛氏（文部科学副大臣）、シンポジウム：鈴木寛氏・新井郁男・広田照幸氏・平井貴美代
第6回研究会（2012年3月10日）　東京未来大学
第7回研究会（2014年11月22日）　早稲田大学早稲田キャンパス
第8回研究会（2015年3月30日）　早稲田大学早稲田キャンパス

(3) 年報の発行
　年報については前述したとおりで、毎年号を確実に重ねている。

(4) 課題研究の実施
　課題研究については、研究推進委員会と国際交流委員会でそれぞれ1部会ずつ企画・運営を担当してきている。両委員会が設置されるまでは事務局が企画等を担当していた。
　【研究推進委員会委員長】
　2010年11月～2014年9月　篠原清昭
　2013年9月～2016年9月　田中雅文
　【国際交流委員会委員長】
　2010年11月～2014年9月　森岡修一
　2013年9月～2016年9月　岩﨑正吾

(5) 特別論文集の刊行
　特別論文集『学習社会研究』については、他学会の動向をふまえて、会員の研究発表機会を拡充することを目的に、2010年度に第1号「学習社会と地域主権」が刊行され、多くの投稿論文が寄せられた。これら投稿論文を審査の上掲載することとした。第1号には12編の投稿があり、うち6編が掲載された。また、この号には当時の文部科学副大臣・鈴木寛氏の講演とシンポジウムも収録することができた。出版に際しては、（株）学事出版の協力を得て市販化され、いよいよ本格的な学会として成長することになった。続く第2号は「学習社会とつながりの再構築」をテーマにし、特集論文と自由投稿論文の掲載がなされた。
　この特別論文集は、他の近接学会で年報と論文集を刊行していることを

鑑み、会員の投稿機会の充実を図るため、さらに会員への会費還元も意図して新たに刊行されたもので、投稿件数も多く、会員からの評価が高かったにもかかわらず、大阪への事務局移転を契機に、惜しまれつつも休刊されることになった。

3．事務局

　事務局については、学会創設に関わった岩﨑会員の勤務校である東京都立短期大学に置くこととなり、川野辺会長と小島事務局長の下、岩﨑事務局次長が実質的な学会事務に従事することとなった。当時、まだ小さな学会ではあったが、立ち上げ間もないために学会業務は大変であったことを記憶している。そして学会の基礎が作られたあとに、立川から筆者が勤務する日本大学文理学部に置くこととなり、同僚教員のほか大学院生の入会も得て新たな事務局体制を築いた。当時は研究会のほかに大会時の課題研究の企画なども事務局が一手に担当し、また年報の管理も抱え込んでいたために、なかなか大変な業務であったことを記憶している。毎月のように入会申込み書が郵送され、また会費納入書もひっきりなしに届いた。その頃は院生に学会経験がないため、これらの処理を筆者が一人で担当せざるを得なかったが、そのほかの業務には冨士原雅弘・事務局幹事や若い学部生による惜しまない助力を得て、何とか川野辺会長体制を支えることができた。特に、彼等の協力によって、会費請求書を年間3度郵送していたので、会費収入は極めて安定していた。

　その後、2010年の三鷹大会以後に、事務局が大阪教育大学に移転することになり、臼井智美・元会員が事務局長に、そして若槻健会員が次長にそれぞれ就任した。移転に際しては、年報バックナンバーを含む段ボール箱を50数個送付することになり、これには佐久間邦友会員の力強い協力を得た。

　事務局体制では、年報管理担当を次長が行うこととなり、一定の分業化がなされた。ただし、理事会は関東在住の理事が多いことから、都内で開催されるなどやや変則的な運営がなされていた。さらに、会長代行として岩﨑会員が指名されることになった。

　2013年実施の理事選挙の結果、前田耕司会員が会長に就任すると、事務

局長には、研究のみならず事務処理にも優れた能力を発揮できる佐藤千津会員が就き、事務局をその勤務校である東京学芸大学に移すことになる。そうはいっても、早稲田大学の若手講師や院生が幹事として事務局を支えるような体制がつくられた。また、学会創設当初から様々な役職に就き、学会運営を担ってきた岩﨑正吾会員は早稲田大学に異動したこともあって、前田会長を側面から学会運営をサポートすることになる。

余談だが、そうした堅実な事務局体制でありながらも、和気藹々の雰囲気がつくられたため、早稲田大学での理事会のあとに同キャンパス内のレストランで開催される懇親会は理事や事務局幹事等にとって楽しく有意義なひとときになった。そして、この懇親会では新たな研究構想や企画などが練られたり、また、学会の課題に関する建設的な意見が出されたりもした。

年報担当を次長（若園雄志郎会員・宇都宮大学）とし、宇都宮大学との分業体制が構築されるなど事務局体制は磐石なものになったのである。

2004年4月～2006年9月　東京都立短期大学（事務局長：小島弘道、同次長：岩﨑正吾）
2006年9月～2010年1月　日本大学文理学部（事務局長：小島弘道、同次長：佐藤晴雄）
2010年11月～2013年9月　大阪教育大学（事務局長：臼井智美、同次長：若槻健）
2013年9月～2016年9月　東京学芸大学（事務局長：佐藤千津、同次長：若園雄志郎）

4．今後の課題

本学会をめぐる今後の課題を私見として述べるとすれば、まずは会員数の増加が指摘できる。川野辺敏・元会長は就任当時に、まずは300人の会員を目指したいことを表明していた。日本大学事務局時代にはまさにその数に届こうとしていたが、事務局移転後には一旦会員数が減少することになった。しかし、その後東京学芸大学に事務局が移転すると、再び会員数は増加し、まもなくその目標に届こうとしている。今後は研究者のみならず、実践者にも入会を呼びかけ、学会の充実を図ることが課題になるだろう。

次に、研究発表機会の充実も課題になる。前述したように、大会での自由研究発表件数は過去最高になったが、そのほかに研究会や学会誌の充実が必要だと思われる。特に、いったん休刊となった特別論文集については何らかの工夫で復刊できればと願っている。関連する他学会、たとえば日本社会教育学会では年2回発行の紀要に加えて、年報も発行し、また日本生涯教育学会でも年報（紀要相当）のほかに論集も発行して、会員の発表機会の充実に努めている。本学会でもそうした研究発表機会の拡充が求められるであろう。

　しかしながら、近年、学会年報の投稿件数が減少傾向にある。この改善を図ることが第三の課題になろう。そのための具体策は年報編集委員会のマターになるが、実践者にとって年報のハードルが高いものと認識されていることも、投稿数の減少の一因になっていると考えられる。投稿が積極的に行われると同時に、論文等の水準を維持していくという難しい課題ではあるが、このことも本学会の今後の課題に数えられるであろう。

　なお、最後に、現在の第4期理事(2013年〜2016年)一覧を掲げておきたい。

第4期理事（2013年〜2016年）

会長	前田 耕司（早稲田大学）
副会長	佐藤 晴雄（日本大学）
常任理事	今西 幸蔵（神戸学院大学）
	岩﨑 正吾（早稲田大学）
	金塚 基（東京未来大学）
	亀井 浩明（帝京大学・名誉）
	佐藤 千津（東京学芸大学）
	田中 雅文（日本女子大学）
	玉井 康之（北海道教育大学）
	堀井 啓幸（常葉大学）
	若園 雄志郎（宇都宮大学）
	若槻 健（関西大学）

理事	浅野 秀重（金沢大学）
	新井 郁男（星槎大学）
	岩永 定（熊本大学）
	小島 弘道（筑波大学・名誉）
	貝ノ瀬 滋（政策研究大学院大学）
	金山 光一（都留文科大学）
	川野 佐一郎（早稲田大学・非常勤）
	川野辺 敏（星槎大学）
	北神 正行（国士舘大学）
	篠原 清昭（岐阜大学）
	鈴木 三平（常葉大学・名誉）
	関 啓子（一橋大学・名誉）
	高橋 興（青森中央学院大学）
	廣瀬 隆人（北海道教育大学）
	冨士原 雅弘（東海大学）
	三輪 建二（日本教育大学院大学）
	望月 國男（秦野市教育委員会）
	森岡 修一（大妻女子大学）

佐藤　晴雄（日本大学）

〈付録〉

日本学習社会学会創立10周年記念出版投稿規程

1．投稿論文のテーマと内容

投稿論文のテーマと内容は日本学習社会学会の活動の趣旨に沿ったもので、学習社会に関する未公開の論文とする。ただし、口頭発表はこの限りではない。なお、記念出版の特集テーマ「地域社会における学習支援の再構築」（仮題）に合ったテーマを歓迎する。

2．応募資格

応募資格は日本学習社会学会の会員で、投稿締め切り日が属する年度までの会費を完納している者とする。

3．原稿様式

(1) 原稿は日本語とする。
(2) 一編につき、10,000字（400字換算で25枚）以内とする。図表等を含む。
(3) 書式は、Ａ4判、40字×40行とする。
(4) 論文には必ずページ番号を記す。
(5) 引用文献および参考文献等は、論文の最後にまとめて記載する。

4．提出原稿・書類

(1) 投稿論文には、氏名および所属を記入しないで、本文にもそれらがわかるような書き方（たとえば、引用文献等に「拙著」「拙稿」を記すこと）をしない。
(2) 投稿論文とは別のA4判用紙に、①論文タイトル（英文タイトルも記す）、②執筆者名、③所属、④連絡先（住所、電話、E-mailアドレス）、論文のキーワード5語以内を記したものを添付する。
(3) 原則としてWordまたは一太郎で作成したファイルをプリントアウトした論文を3部提出する。

(4) 掲載が決定した場合には、上記ファイルの電子データを送付する。

5．提出期限・提出先

投稿論文は、2015年7月20日までに（消印有効）、下記の「日本学習社会学会創立10周年記念出版」編集委員会幹事宛に提出する。

〒120-0023　東京都足立区千住曙町34-12　東京未来大学　モチベーション行動科学部

金塚　基（宛）

【問い合わせ先】：Tel: 03-5813-2525（代）／E-Mail: kanatsuka.motoi@tokyomirai.ac.jp

6．審査

投稿原稿は、日本学習社会学会創立10周年記念出版編集委員会での査読を経て、掲載の可否を決定する。

7．校正

(1)　筆者校正は初稿のみとする。
(2)　校正は最小限の字句の添削または変更にとどめる。

8．掲載料

掲載料は徴収しない。

9．編集委員（◎委員長、○副委員長）

◎岩﨑正吾（早稲田大学）、○佐藤千津（東京学芸大学）、石井山竜平（東北大学）、小松茂久（早稲田大学）、広瀬隆人（宇都宮大学）、渡辺洋子（京都大学）

10．編集幹事

金塚　基（東京未来大学）

索引

あ

アイデンティティ…………………… 40, 44, 47,
　　　　　　　　　　　　55, 95, 96, 104
アイヌ民族に関する法律（案）………… 37
アクションリサーチ………………………… 95
アファーマティブ・アクション………… 37
アボリジニおよびトーレス海峡系民族… 39

い

今を生きる教育…………………………… 27

う

ウレシパ…………………………………… 36

え

エヴェンク語………………… 57, 58, 60, 61
エヴェンク自治管区……………………… 57
エヴェンク人………………… 57, 58, 60, 61, 64
エコミュージアム……………… 91, 99, 100
エンパワーメント………………………… 35

お

お話…………………………………………… 140

か

学社連携………………………………… 55, 56
学習………………………………………… 22
学習基盤社会………………………… 31, 33
学習権宣言………………………………… 28
学習社会……………………………… 22, 112
学習社会学………………………………… 15
学習とは…………………………………… 23
学校………………………………………… 26
学校運営協議会………………………… 66, 102
学校開放………………………………… 114
学校教育………………………………… 26
学校経営………………………………… 29
学校支援地域本部事業…………… 102, 119
学校施設の複合化……………………… 116
学校の使命……………………………… 25
学校の生涯学習化……………………… 114
合築……………………………………… 118
環境教育………………………………… 104

き

基地の街………………………………… 152, 155
旧エヴェンク自治管区……………… 56, 58
教員育成協議会（仮称）…………… 124, 126
教員育成指標…………………………… 126
教師の専門性…………………………… 124
共生………………………………………… 14
協同社会………………………………… 154
郷土教育………………………………… 103
郷土資源………………………………… 107
郷土文化……………………… 154, 155, 159

く

クラスノヤルスク地方………… 56, 57, 58, 63

け

言語的人権…………………………… 55, 56

こ

口演童話……………………………… 140
校外教育論…………………………… 139
公共施設マネジメント……………… 118
公共性……… 5, 31, 88, 89, 92, 102, 109, 123
コミュニティ・スクール…………… 66

さ

佐藤吉熊……………………………… 153, 158
里山………………………… 88, 89, 90, 99
三多摩地域…………………………… 151, 152

し

自然保護運動……… 92, 93, 94, 95, 96, 97, 98
自然保護活動………………………… 97
シティズンシップ教育……………… 105
市民運動………………………… 5, 8, 92, 94
社会的共通資本……………………… 99
生涯学習……………………………… 17
生涯学習振興施策…………………… 113
生涯教育……………………………… 18
先住少数民族………………………… 63
自律的学校経営……………………… 30

す

スクール・ガバナンス……………… 70, 72
ステイクホルダー…………………… 70

せ

生物多様性………………… 8, 89, 90, 95, 99
先住少数民族……………… 55, 56, 58, 62
専門性基準…………………………… 127

そ

ソ連の教育…………………………… 16

た

体験学習………………………… 89, 90, 98
立川学園（立川専門学校・立川短期大学）
…………………………………… 151-160
脱植民地主義………………………… 34

ち

地域大学…………… 151, 156, 157, 158, 159
チームとしての学校………………… 128
知識基盤社会………………………… 31, 32
中央教育審議会……………………… 124
中央教育審議会答申
「新しい時代の教育や地方創生の実現に向けた学校と地域の連携・協働の在り方と今後の推進方策について」…………… 84

と

トゥラー寄宿制初等中等普通教育学校… 60
トゥラー児童創造の家……………… 63
童話…………………………………… 140
トナカイ畜産………………………… 60, 64

索　引　　175

な

中野藤吾……………… 151, 152, 153, 154,
　　　　　　　　　　 156, 158, 159, 160
中村良夫………………………… 97, 101

に

人間の学習………………………… 22

ね

ネットワーク型行政……………… 120

は

半移動幼稚園……………………… 60

ひ

比留間安治……………… 152, 153, 158

ほ

補充教育機関…………………… 62, 63
北海道ウタリ生活実態調査報告書……… 38

ま

マイノリティ……………………… 34
松美佐雄………………………… 139

め

メディンスキー…………………… 16

も

モナシュ大学先住民族諮問委員会……… 40
モナシュ・モデル………………… 45

れ

レスター・ブラウン……………… 90

執筆者紹介 (執筆順)

川野辺　敏（かわのべ　さとし）星槎大学特任教授（第1章）
　『教師論——共生社会へ向けての教師像』（共著、福村出版、2013年）、『中央アジアの教育とグローバリズム』（編著、東信堂、2012年）など。

小島弘道（おじま　ひろみち）筑波大学名誉教授（第2章）
　『学校づくりと学校経営』（共著、学文社、2016年）、『教師の条件——授業と学校をつくる力』（共著、学文社、2016年）など。

前田耕司（まえだ　こうじ）早稲田大学教授（第3章）
　Lifelong Learning Universities in the Ageing Society: enpowering the elderly, Okano, K.(ed.) (2016) *Nonformal Education and Civil Society in Japan*,（分担執筆、London and New York: Routledge.）、「オーストラリアの先住民族コミュニティの担い手養成における社会教育的課題」（単著、『日本社会教育学会年報』第58集、東洋館出版社、2014年）など。

新井郁男（あらい　いくお）星槎大学大学院特任教授（第4章）
　『教育学大全集8　学習社会論』（第一法規出版、1982年）、『教育経営論（改訂版）』（放送大学、2004年）など。

岩﨑正吾（いわさき　しょうご）早稲田大学大学院特任教授（序言・第5章）
　『転換期ロシアにおける教育改革の研究』（単著、近代文芸社、1994年）、『生涯学習と多文化・多民族教育の研究』（編著、学文社、2013年）など。

佐藤晴雄（さとう　はるお）日本大学教授（第6章・日本学習社会学会10年の歩み）
　『コミュニティ・スクール』（単著、エイデル研究所、2016年）、『学習事業成功の秘訣　研修・講座のつくりかた』（単著、東洋館出版社、2013年）など。

関　啓子（せき　けいこ）一橋大学名誉教授（第7章）

『コーカサスと中央アジアの人間形成――発達文化の比較教育研究』（単著、明石書店、2012年）、『環境教育を学ぶ人のために』（共著、世界思想社、2009年）など。

篠原清昭（しのはら　きよあき）岐阜大学大学院教授（第8章）

『中華人民共和国教育法に関する研究――現代中国の教育改革と法』（単著、九州大学出版会、2001年）、『中国における教育の市場化――学校民営化の実態』（単著、ミネルヴァ書房、2009年）など。

堀井啓幸（ほりい　ひろゆき）常葉大学教授（第9章）

『現代学校教育入門――「教育環境」を問いなおす視点』（単著、教育出版、2003年改訂版）、『特別活動の理論と実践』（共編著、教育開発研究所、2016年）など。

佐藤千津（さとう　ちづ）東京学芸大学准教授（第10章）

『学校学力から生涯学力へ――変化の時代を生きる』（共編著、学文社、2011年）、Chizu Sato (2009) *Changing education system for cultural awareness: school management and curriculum planning*, Institute for Language and Education Research, Daito Bunka University. など。

松山鮎子（まつやま　あゆこ）東京大学大学院教育学研究科・特任助教（第11章）

「戦前期における教師の子どもへの「まなざし」の変化について――須藤克三の『語ること』の教育実践を事例として」（単著、『早稲田教育評論』第30巻第1号、2016年）、「巖谷小波の『お伽噺』論にみる明治後期の家庭教育と〈お話〉」（単著、『早稲田教育評論』第26巻、2012年）など。

木田竜太郎（きだ　りょうたろう）京都文教大学専任講師（第12章）

「初期『短期大学』の成立と展開に関する一考察」（単著、『大学教育学会誌』第37巻第2号、2015年）、「『新制大学十二校先行認可問題』に関する一考察」（単著、『日本教育史学会紀要』第5巻、2015年）など。

日本学習社会学会

日本学習社会学会は、学習社会の構築に向けて、人間と学習をめぐる諸問題を生涯学習や共生社会などの視点から、学校、地域及び家庭における学習・子育て支援、学習社会構築にかかわる政策と行政、学習支援専門家の育成、ミクロ・マクロな地域問題の解決及び住民自治と学校運営への参画などを主な内容として、それらの解決の多様な形態と有り様を理論的・実践的に研究することを目的として活動しています。
ホームページ：http://learning-society.net/index.html

日本学習社会学会創立10周年記念出版編集委員会

委員長	岩﨑　正吾（早稲田大学）
副委員長	佐藤　千津（東京学芸大学）
委　員	石井山竜平（東北大学）
	小松　茂久（早稲田大学）
	廣瀬　隆人（北海道教育大学）
	渡辺　洋子（京都大学）
編集幹事	金塚　基（東京未来大学）

学習社会への展望
地域社会における学習支援の再構築

2016年9月3日　初版第1刷発行

編　集　日本学習社会学会創立10周年記念出版編集委員会
　　　　　（委員長　岩﨑　正吾）
発行者　石　井　昭　男
発行所　株式会社　明石書店
　　　　〒101-0021　東京都千代田区外神田6-9-5
　　　　電　話　03（5818）1171
　　　　ＦＡＸ　03（5818）1174
　　　　振　替　00100-7-24505
　　　　http://www.akashi.co.jp

装　丁　明石書店デザイン室
印刷／製本　モリモト印刷株式会社

（定価はカバーに表示してあります）　　ISBN978-4-7503-4395-2

JCOPY 〈(社)出版者著作権管理機構 委託出版物〉
本書の無断複写は著作権法上での例外を除き禁じられています。複写される場合は、そのつど事前に、(社)出版者著作権管理機構（電話03-3513-6969、FAX 03-3513-6979、e-mail:info@jcopy.or.jp）の許諾を得てください。

現代市民社会と生涯学習論 グローバル化と市場原理への挑戦
明石ライブラリー⑯ 相庭和彦
●3500円

日中韓の生涯学習 伝統文化の効用と歴史認識の共有
明石ライブラリー⑰ 相庭和彦、渡邊洋子編著
●3600円

生涯学習支援の理論と実践 「教えること」の現在
明石ライブラリー⑭ 渡邊洋子・吉田正純監訳
●4800円

学習者と教育者のための自己主導型学習ガイド ともに創る学習のすすめ[オンデマンド版]
マルカム・S・ノールズ著 渡邊洋子監訳 京都大学SDL研究会訳
●2300円

近代日本の女性専門職教育 生涯教育学から見た東京女子医科大学創立者・吉岡彌生
渡邊洋子
●5200円

子どもと教師が紡ぐ多様なアイデンティティ カナダの小学生が語るナラティブの世界
D・ジーン・クランディニン他著 田中昌弥訳
●3000円

授業の研究 教師の学習 レッスンスタディへのいざない
秋田喜代美、キャサリン・ルイス編著
●2500円

教員環境の国際比較 OECD国際教員指導環境調査(TALIS)2013年調査結果報告書
国立教育政策研究所編
●3500円

多様性を拓く教師教育 多文化時代の各国の取り組み
OECD教育研究革新センター編著 斎藤里美監訳
●4500円

学びのイノベーション 21世紀型学習の創発モデル
OECD教育研究革新センター編著 有本昌弘監訳 多々納誠子、小熊利江訳
●4500円

21世紀のICT学習環境 生徒・コンピュータ・学習を結び付ける
経済協力開発機構(OECD)編著 国立教育政策研究所監訳
●3700円

子どもの貧困と公教育 義務教育無償化・教育機会の平等に向けて
中村文夫
●2800円

子どもの貧困と教育機会の不平等 就学援助・学校給食・母子家庭をめぐって
鳫咲子
●1800円

対話で育む多文化共生入門 ちがいを楽しみ、ともに生きる社会をめざして
倉八順子
●2200円

コミュニティカフェと地域社会 支え合う関係を構築するソーシャルワーク実践
倉持香苗
●4000円

子ども食堂をつくろう！ 人がつながる地域の居場所づくり
豊島子どもWAKUWAKUネットワーク編著
●1400円

〈価格は本体価格です〉